Vidas Através dos Séculos

Monica F. Pimenta

Vidas Através dos Séculos

MADRAS

© 2017, Madras Editora Ltda.

Editor:
Wagner Veneziani Costa

Produção e Capa:
Equipe Técnica Madras

Revisão:
Maria Cristina Scomparini
Jerônimo Feitosa

Capa:
Produzida exclusivamente para o livro
"Vidas Através dos Séculos"
por Salvador Cordaro Direitos reservados

Dados Internacionais de Catalogação na Publicação (CIP)
(Câmara Brasileira do Livro, SP, Brasil)

Pimenta, Monica F.
 Vidas através dos séculos/Monica F. Pimenta. – São Paulo: Madras, 2017.

ISBN: 978-85-370-1101-0

 1. Espiritismo 2. Romance espírita I. Título.

17-08934 CDD-133.9

 Índices para catálogo sistemático:
 1. Romance espírita: Espiritismo 133.9

É proibida a reprodução total ou parcial desta obra, de qualquer forma ou por qualquer meio eletrônico, mecânico, inclusive por meio de processos xerográficos, incluindo ainda o uso da internet, sem a permissão expressa da Madras Editora, na pessoa de seu editor (Lei nº 9.610, de 19/2/1998).

Todos os direitos desta edição reservados pela

MADRAS EDITORA LTDA.
Rua Paulo Gonçalves, 88 – Santana
CEP: 02403-020 – São Paulo/SP
Caixa Postal: 12183 – CEP: 02013-970
Tel.: (11) 2281-5555 – Fax: (11) 2959-3090
www.madras.com.br

"Ao amigo Salvador, obrigada por me apoiar, incentivar e orientar o meu desenvolvimento mediúnico, que não deixa de ser a aceitação da oportunidade de enfrentamento dos nossos erros".

Palavras da Autora

As aventuras espirituais são pequenas passagens entremeadas pela experiência diária.

Desde que entrei em contato com a Doutrina Espírita, venho vivenciando experiências únicas e ao mesmo tempo simples. O contato com os espíritos desencarnados é calmo, limpo e natural.

Quando pequena, temia enxergá-los, fiz de tudo para não aceitar este dom emprestado por Deus.

Muitas pessoas pensam ser isto um privilégio: enganam-se. Nós, os trabalhadores, isto é, intérpretes do outro plano, somos pessoas normais, temos vidas corriqueiras como a de todos aqui na Terra. Lutamos contra nossos enganos, erramos e tentamos aprender com os erros.

No dia a dia somos cobrados e vistos pelas pessoas como seres perfeitos.

A mediunidade traz a oportunidade de trabalho, contato com os espíritos, mas não é o principal foco de nossas reencarnações.

Os questionamentos e modificações interiores, o olhar analítico e a busca do conhecimento por meio do estudo e aprofundamento no contato com os homens fazem parte da escola para a qual fomos preparados.

Viver aqui é um desafio.

Ao retornar à Terra, comprometi-me a transmitir experiências alheias e isto tem enriquecido minha alma. Tento, por meio deste livro, transmitir o que venho recebendo.

Trabalho com um grupo de pessoas cujas vidas estão entrelaçadas ao longo dos séculos.

Devo muito à minha amiga Maria do Pão, que se encontra hoje do outro lado da vida, no plano espiritual.

Inspirou-me e mostrou-me telas fluídicas com imagens da trama durante todo o processo de formulação deste livro. Com sua ajuda o texto foi ganhando vida, e assim surgiu este relato executado com muito cuidado e carinho.

Índice

Prólogo 11
Capítulo I 13
Capítulo II 23
Capítulo III 33
Capítulo IV 39
Capítulo V 51
Capítulo VI 59
Capitulo VII 65
Capítulo VIII 75
Capítulo IX 81
Capítulo X 87
Capítulo XI 97
Capítulo XII 105
Capítulo XIII 113
Capítulo XIV 117
Capitulo XV 123
Capítulo XVI 131
Capítulo XVII 139
Capítulo XVIII 155

Prólogo

No plano espiritual, falanges do bem se desdobram orando, concentradas, com um objetivo principal: revelar ao mundo físico a grande influência da espiritualidade nos acontecimentos terrenos.

Com o passar dos anos, a Doutrina Espírita vem se aprimorando. O véu que cobre o passado se desfaz pouco a pouco perante alguns escolhidos do Senhor.

A responsabilidade e o equilíbrio interiores são obstáculos à abertura de certas vidas já passadas, pois a maioria dos espíritos que reencarnam no planeta Terra ainda tem um longo caminho evolutivo. A revelação do passado se torna perigosa, as famílias espirituais estão normalmente próximas, assim como os inimigos anteriores. Deus envia-nos a chance de perdão por meio da ligação de sangue que se dá em muitos núcleos.

Dentro de um contexto, os personagens deste romance vêm reencarnando próximos uns aos outros. Seus verdadeiros nomes foram modificados, pois o respeito e a discrição devem seguir as leis regidas pelo Mestre Jesus.

Seguindo uma sequência cronológica, serão reveladas outras encarnações dos protagonistas deste relato.

Com o passar do tempo, vocês, leitores, saberão colocar em ordem as vidas já vividas por ambos, Marieta e Rafael.

Esta encarnação foi escolhida pela médium para que pudesse compreender melhor o processo de vivências no Brasil.

A escolha não foi inteiramente dela; os responsáveis pela execução deste projeto elaborado ainda na espiritualidade avaliaram em conjunto os prós e os contras desta abordagem. Considerando o grau de conhecimento deste espírito, decidiram voltar à época da escravidão no nosso país.

As datas citadas no decorrer do livro podem ter alguma diferença de acordo com a história, pois a fazenda é ainda habitada por descendentes da família em questão.

No apogeu da época do café, os escravos, contrabandeados e vendidos a preços ínfimos, não conseguiam sobreviver por muito tempo por causa das condições precárias das senzalas. Os alimentos fornecidos por seus senhores não eram suficientes para uma nutrição saudável. Viviam como mendigos, abandonados à própria sorte.

O contentamento, a percepção de fatos independentes, como o retorno a outras vidas estão dispostos com cuidado no texto para, no futuro, receberem o devido desenvolvimento.

O caráter de um espírito é construído apelas escolhas e vivências progressivas nos vários mundos do cosmo. A história exposta a seguir é um pequeno exemplo das tramas e interligações vivenciadas pela humanidade.

Inspirado por Anna Dozzo Ferri

Capítulo I

A primavera florescia, os adornos foram dispostos delicadamente ao redor do altar, circundado por duas amoreiras centenárias. Dos santos barrocos, colocados em pedestais, pendiam flores multicoloridas.

Mimosos confeitos preparados pelas escravas da Casa Grande foram dispostos com a graça dos áureos tempos, em que os latifundiários resgatavam grande fortuna da terra. O bolo confeccionado por Joana recebia os arremates finais.

Naquela manhã, sentia-me especialmente amparada por Deus.

Depois de muitos sonhos e encontros com padre Joaquim, que me aconselhava a aceitar o casamento com Jamil apesar de saber que eu não o amava, no dia do casamento eu ainda tinha dúvidas.

Padre Joaquim acreditava que com o tempo, com a convivência, os sentimentos se transformariam.

— Tenha um pouco de paciência com seus pais, ambos têm a melhor das intenções e, além do mais, as famílias são amigas e esta proximidade fará bem aos seus pais que temem perdê-la para qualquer desconhecido.

Chorei por vários dias, não sentia a mesma coisa que as outras jovens da minha época. Questionava a escravidão, tocava-me o coração deparar-me com o sofrimento dos negros; despertei dos sonhos muito cedo, pretendia lutar pela libertação dos escravos e não via em

Jamil a imagem de bondade que os outros enxergavam. Após muita reflexão cedi, minha educação e formação cristã amarraram-me aos costumes da época. Conformei-me com o meu casamento, tinha esperanças de trabalhar com as crianças negras e Jamil prometera-me que continuaríamos a viver na fazenda.

Durante toda minha infância, percorri as senzalas com Eunice, minha amiga inseparável. Sua mãe, Josefa, era uma das mucamas de mamãe; viviam as duas, mãe e filha, na Casa Grande.

Meus tutores a excluíam das aulas por ter a cor do café com leite.

Enquanto íamos à missa aos domingos, Eunice participava dos rituais do Candomblé com seu povo. Aquelas danças me fascinavam.

Ao completar 12 anos, conquistei maior liberdade; com a primeira comunhão e crisma, padre Joaquim convenceu mamãe e papai de que a religião católica concretizara-se em minha alma e não precisavam mais se preocupar com a influência dos negros, tampouco com sua religião.

Eunice e eu tínhamos um pacto, transmitia-lhe o que aprendia na igreja e, em contrapartida, ela me levava aos terreiros de Candomblé sem que ninguém soubesse.

Seus olhos me intrigavam, sentia algo familiar naquele olhar.

Papai acariciava sua cabeça quando a encontrava pelos arredores da casa. Na infância, não me impondo proibição alguma, circulávamos pela casa como irmãs.

Por conta das histórias de Eunice, comecei a me interessar por seus rituais, sua cultura, pelos rituais que organizavam no terreiro.

Quando completei 17 anos, propus a papai a abertura de uma escola para os negros. Iniciaríamos pelas crianças e com o tempo os adultos se interessariam.

– Santo Deus, de onde tirou ideia tão estapafúrdia? O que dirão nossos vizinhos, o padre... Esses negros não raciocinam, são como animais – replicou ele.

– Papai, converso muito com Eunice e não entendo, não compreendo em que somos diferentes. Os negros são proibidos de entrar na igreja e ouvimos os discursos dos padres pregando amor e compaixão. Para que fui educada rodeada por professores, tutores e tantas mesuras? Preciso transmitir tais conhecimentos.

Nesse momento, percebi a fúria de papai, encolhi-me para levar uma bofetada, mas algo o prendeu ao chão.

– Não repita tal disparate. Onde é que já se viu comparar esses negros conosco?

– Não vejo o senhor tão enojado pelas negrinhas. Mamãe por acaso comunga com seus gostos?

– Vou colocá-la no quarto, trancada. Não sabe do que fala.

– Sinto desapontá-lo, mas tenho Eunice como uma irmã e, já que abordamos este assunto, o que pensa sobre Josefa? Pretende mantê-la no porão por quanto tempo?

– Josefa se portou mal na cozinha, desrespeitou sua mãe.

– E mamãe não desconfia de suas escapulidas? Pobre Josefa, sofre pelo ciúme de mamãe. Papai, a sociedade local é muito observadora e podem soltar comentários. Se tivéssemos uma escola na fazenda, poderia dar o exemplo a outros fazendeiros e principalmente manter este segredo, não gostaria de causar maior desgosto a minha mãe.

– Marieta, o que diz não tem o menor sentido. Abrirei a escola somente para satisfazer mais este capricho seu.

Quando iniciei as aulas para as crianças, presenciei a felicidade dos pequeninos e a facilidade que tinham para aprender. Durante as aulas, os olhares intrigados das crianças e a curiosidade aguçavam-se. Com a alfabetização elas teriam a chance de escolher o destino de suas vidas. De certa maneira eu pensava que podia prepará-las para a liberdade. A escola fora construída por meu pai somente para distrair a atenção dos problemas com os escravos e desviar-me das suas escapadas.

A fazenda de meu pai não era exatamente um exemplo para a sociedade: os escravos encontravam-se amontoados em colchões de palha, as crianças não recebiam nenhum cuidado, todos tinham obrigação de trabalhar desde cedo. Por volta dos 10 anos, os meninos iniciavam o corte da cana, as meninas eram colocadas nas tulhas para separar grãos de café.

A fazenda passava por uma transição. Com a queda do preço do açúcar, meu pai havia adquirido máquinas para iniciar o plantio do café.

As escravas não dispunham de cuidados médicos: pariam a céu aberto, sem o atendimento necessário.

Os impostos eram burlados com a ajuda do pai de Jamil. Seus conhecimentos políticos sempre foram de grande serventia para meu pai.

Apesar de escravocrata, papai não negava alimentação adequada aos negros, sabia que, quanto mais satisfeitos, melhor resultado teria.

O meu marido era o filho desse grande amigo de papai. Desde nova percebia um interesse nesta união.

Jamil se envolvera na política desde cedo e papai devia certos favores a sua família.

Os meus sogros demonstravam grande apreço pelo nosso casamento, éramos filhos únicos.

As senzalas estavam abarrotadas. Naquele momento da história, os negros eram avaliados como peças de ouro, valiam mais se fossem jovens e com bons dentes. As meninas deveriam ser boas parideiras, levando aos donos maior lucro com as crianças vindouras.

Eu temia por eles, sentia dores de cabeça e náuseas quando acompanhava as barbaridades, os maus-tratos àqueles homens indefesos.

Passava noites acordada sentindo medo, angustiada com a podridão desse regime. Para mim, nem os vermes poderiam ser tratados como eles. Afinal de contas, somos todos filhos de Deus, pelo menos era isso o que pregava a Igreja Católica.

Um sentimento de indignação acompanhava minha existência, desde menina sonhava com as senzalas e com a podridão daqueles costumes bárbaros.

Joana, minha ama de leite, contava-me sobre vidas passadas, sobre o comprometimento que temos com nossa jornada espiritual, sobre a evolução do espírito e quantos erros cometemos contra pessoas que nos foram caras em existências pregressas, e que o esquecimento do passado é uma bênção de Deus.

Algumas situações do passado são mostradas a certas pessoas para que possam compreender o que sentem e assim tenham mais força para enfrentar sua caminhada, dizia-me Joana.

– Joana, como pode compreender isto?

– Não sei, minha filha, talvez Deus tenha me incumbido de orientá-la espiritualmente e protegê-la nesta vida.

Ao deixar Joana e dirigir-me para a Casa Grande, naquele dia, respirei profundamente uma ou duas vezes. Desequilibrei-me, tropecei em um arbusto do caminho e com a cabeça atordoada enxerguei cenas de um passado distante. Enxergava uma moça com a pele negra, chorando. De repente, ouvi em minha mente uma data: 1683. Teria eu vivido em uma senzala? Seriam mesmo verdadeiras as explicações de Joana?

Naquele mesmo dia, sonhei com uma negra de aparência jovem e formas exuberantes, mas, apesar da sua beleza, seus olhos eram tristes. Durante o sonho recebi algumas explicações das quais me lembrava vagamente. Havia vivido em uma fazenda no Brasil, em 1683, como escrava.

Naquela vida, escolhera atalhos para conseguir um lugar na Casa Grande.

Sem discernimento entre o certo e o errado, utilizara meu corpo como moeda de troca para garantir mais conforto, relatando fatos e segredos dos negros aos capatazes da senzala.

Em uma noite estrelada, sob a luz do luar, deixara-me envolver pelo Barão. Muitas de nós éramos solicitadas para satisfazer-lhe os desejos mais sórdidos.

Utilizava-me dos conhecimentos de Candomblé para enfeitiçá-lo. Da África, muitos costumes e rituais foram mantidos pelo nosso povo. Apesar da minha revolta, tivera a oportunidade de participar das oferendas aos santos, manuseando ervas de cura com o auxílio do pai de santo da fazenda.

As danças e evocações praticadas nos terreiros tinham a força e a união daquele povo destinado a sofrer. Muitas manifestações espirituais ficaram gravadas em nossas mentes.

O Barão estivera enfeitiçado por mim, eu era sua negrinha predileta. Inconsequente e leviana, levara meus irmãos ao tronco e até à morte, confidenciando seus planos de fuga nos momentos de êxtase sexual.

Ao acordar daquele sonho, senti uma sensação mais forte de ligação com os negros. Não me lembrei do que havia visto durante o meu desprendimento noturno, mas guardei comigo o senso do dever.

Não somente o dever desta vida ficou forte em meu espírito, mas também o caminho que havia escolhido quando ainda me encontrava no Plano Maior. As ideias iam e vinham como imagens criadas pela minha mente. Meu espírito soube quanto havia prejudicado os negros em vida anterior; apesar de encarnada em outro corpo, eu carregava a culpa de outrora, mesmo sem ter consciência disso.

Prejudiquei os meus, relutei e não me perdoei pelo que fiz naquela vida... por isso voltei a reencarnar na mesma região da vida passada.

Aprendi com Joana que as explicações do desenvolvimento espiritual são transmitidas aos poucos pelos espíritos responsáveis por nosso planeta. Este é imortal. As experiências anteriores ficam guardadas no arquivo mental do espírito e, ao reencarnar, ele se encontra com amigos, inimigos e também com novos conhecimentos.

As chances de reencarnação fazem parte do processo evolutivo espiritual e a cada nova experiência recebe-se a oportunidade de aprender e colocar em prática o que foi estudado e avaliado na vida espiritual. O espírito é constituído, por Deus, simples e ignorante para que evolua tornando-se semelhante a Ele.

Todos os espíritos trazem a centelha divina dentro deles, isto é: Deus.

Utilizando-se do livre-arbítrio, pode escolher entre o bem e o mal. Cabe a ele crescer e, caso tenha feito escolhas que o prejudiquem, segue reencarnando até que fique livre de ódio, rancor, inveja, ciúme, etc.

O perdão entre inimigos é libertador. A alma segue seu caminho procurando agregar mais espíritos a sua família espiritual, que normalmente segue junto para novas encarnações. Alguns se mantêm no plano espiritual, protegendo e acompanhando seus entes queridos; algumas vezes vêm até a Terra para intuir e mostrar caminhos para a resolução dos problemas, sem interferir em suas decisões.

Todos os espíritos reencarnam cedo ou tarde, é uma lei de Deus.

Ao deixar meu corpo e partir para o plano espiritual aos 37 anos, arrependi-me imensamente.

Meu desencarne foi rápido, perdi a consciência com um golpe do capitão do mato, quando tentara abusar de meu corpo. Aquele monstro prometera-me mundos e fundos, mas nunca deixei que me tocasse, por isso ele sentia ódio de mim. Aproveitara uma viagem do Barão para dar-me um castigo, a raiva foi maior e eu não resisti.

Meu espírito acordou em um leito alvo, limpo, em um lugar iluminado. Estivera atordoada, não conseguira me desvencilhar da dor que sentira ao cair ao chão. Chorara dia e noite, isto é, o tempo no plano espiritual não é mensurado como aqui na Terra, por isso perdi a noção do tempo.

Com a companhia de minha guardiã espiritual, acalmara-me, as dores foram melhorando e a consciência se tornara mais clara.

Compreendi que havia morrido e que me encontrava em uma cidade espiritual. A verdadeira família espiritual se une no outro plano através do coração. Espíritos afins se atraem inconscientemente: essa é uma das leis de Deus. Quase esquecera-me desse sentimento, apaguei o brilho de minha encarnação. O retorno à Terra carregando meu corpo negro, vivenciando a pobreza, obtendo a oportunidade de me desprender dos valores materiais, foi relegado. Descobrira em minha consciência, outrora adormecida pelo corpo físico, que por volta do ano 1500 havia rejeitado o amor de minha alma gêmea porque ele fora um simples professor na Europa em mais uma vida passada.

Envergonhada, mal pudera encará-lo, quando o encontrei naquela época, na mesma colônia espiritual, retornando de mais uma encarnação no globo terrestre.

Outra vida massacrada pela personalidade indócil, infantil e materialista, alimentada por erros sucessivos.

Na data de meu casamento, setembro de 1835, sentia-me culpada, minha consciência gritava dentro da alma.

Dona da mesma beleza exterior, embora branca, sentia-me igual aos negros, mas não conseguia esquecer-me de Rafael, primo de meu marido e meu amor desde a adolescência.

Meus sentimentos continuavam presos aos dele, podia senti-lo ao meu lado mesmo sem saber por onde andava. Distraía-me com as cores do jardim e ali estava Rafael, oferecendo-me uma flor. Seu perfume se confundia com o meu, sua presença era quase real.

Estivemos comprometidos, unimos nossos corações, desde a infância. Crianças ainda, ficávamos abraçados apreciando as alamedas da fazenda, corríamos ao encontro dos passarinhos, sentíamos a alma livre, solta para amar.

Aos 12 anos, quando ainda brincava com minhas bonecas de pano, prometi a mim mesma ser uma mãe amorosa, dedicada e principalmente companheira.

Os nossos caminhos foram se afastando; papai parecia não perceber esse amor, mas um sino badalava em sua cabeça quando Rafael vinha para o chá acompanhando sua mãe. Os amigos eram muito bem-vindos.

Mamãe tinha uma amizade sincera e antiga com a mãe de Rafael. As duas cresceram juntas, por isso papai não conseguia colocar-lhe obstáculos.

Meu pai parecia torcer para que eu não estivesse na casa quando os cavalos passavam pela porteira da fazenda. Seu humor se alterava, andava de um lado para o outro sem parar. Eu não compreendia tamanha ansiedade.

Com os olhos abertos, podia voar e transferir-me em pensamento para outros lugares. Perdia-me nos sonhos, nas lembranças de minha adolescência quando Rafael e eu saíamos para passear juntos. No lago, no cafezal, na capela, éramos nós mesmos. Não precisávamos disfarçar nosso amor.

As páginas de nossa história eram abertas e escritas com cumplicidade.

Mamãe percebia meu olhar distante, a distração com coisas corriqueiras, e talvez suspeitasse de nossos encontros. Desejei que me apoiasse, orei para que ela pudesse compartilhar o meu sentimento, não podia contar-lhe... Percebia o entusiasmo com que papai se referia a Jamil e sentia a cumplicidade que havia entre ambos.

Talvez eu tenha errado, prendi-me às aparências e deixei de conhecer melhor meus verdadeiros sentimentos. Analisava mamãe, criticava sua submissão, seus interesses por coisas fúteis.

Encontrava-a muitas vezes na capela a rezar. Parecia-me demasiada a fé que colocava na providência divina; ela esperava que todos os problemas fossem solucionados por Deus. A religião católica estava enraizada, os pecados só podiam ser perdoados pela penitência, oração e autoflagelamentos.

As emoções eram contidas, os verdadeiros sentimentos deixados de lado, para que famílias pudessem preservar o seu patrimônio.

A mulher não podia decidir seu próprio destino; com minha mãe foi assim, por que não seria assim comigo também?

Deixei que as convenções da época influenciassem meu destino, cedi, acovardei-me... Nem sei se poderia ser diferente.

Capítulo II

Casada com Jamil, poderia continuar o trabalho com as crianças negras mantendo meus olhos bem abertos para as injustiças ocorridas dentro da propriedade de meu próprio pai.

A cerimônia fora simples; o almoço servido ao som de violinos criara um ambiente calmo. As criadas, inclusive Eunice, acompanharam a distância o grande acontecimento.

Mamãe sonhara com aquela festa, e eu deixei que ela se encarregasse de quase tudo, menos do meu vestido.

Joana tinha mãos mágicas e colocou muito amor na confecção do meu traje. Pedi a ela que enfeitasse o vestido com fuxicos; delicadas flores foram aplicadas da cintura até a cauda, em forma de cascata.

Joana havia praticamente me criado, nutria por ela imensa admiração e amor. Fora ela quem me ensinara a amar a todos indistintamente, e me contava histórias de seu país e de sua religião.

Quando pequena, costumava acompanhá-la na cozinha. Descascava batatas, juntava ingredientes do bolo de fubá, separava o feijão, enquanto mamãe dormia. Eu tinha vontade de participar de tudo, por isso fui aprendendo a cozinhar, lavar, passar e até aquecer o forno a lenha. Tinha grande afinidade com as mucamas, acordava cantarolando procurando por ela, minha protetora. Joana estava sempre com os braços abertos esperando por mim.

Bons tempos...

Meu buquê de jasmins acompanhou o encanto da época primaveril; ao absorver seu perfume, firmava o passo, acompanhando meu pai na longa caminhada até o altar.

Respirava vagarosamente, imagens de Rafael pululavam ao meu redor, meus sentimentos eram controversos.

Nossa lua de mel foi breve...

Os cavalos eram açoitados pelo condutor, tinha ordens para retornar o mais rápido possível à fazenda.

Assustei-me ao encontrar meu pai acamado, moribundo. De acordo com o médico, os medicamentos administrados contra a mordida da cascavel não surtiram efeito.

Desenganado, chamou-nos ao seu leito de morte e transmitiu as rédeas da fazenda a Jamil.

Meu verdadeiro calvário iniciou-se naquele momento...

Minha mãe, enfraquecida, perdeu o controle e conferiu a meu marido o poder de decisão junto à Casa Grande.

Senti-me relegada por ambos. Apesar da aparência juvenil, estava preparada para assumir tais responsabilidades.

Minha sogra, já viúva, mudou-se para a fazenda. Passou a viver na casa onde meus avós paternos haviam morado até a morte levá-los juntos cinco anos antes do meu casamento. Despencaram de uma ribanceira, os cavalos se assustaram com uma cobra e o cocheiro perdeu as rédeas.

Papai havia providenciado espaço amplo, arejado, ao lado da Casa Grande, edificado especialmente para eles.

Vovô, quando recém-chegado de Portugal, sofrera uma queda que o deixara imobilizado da cintura para baixo.

Sonho muitas vezes com histórias contadas por vovó. Lembro-me dos bolinhos de chuva, de sua cadeira de balanço e até sinto a essência do cachimbo do vovô. Nós três tínhamos longas conversas na varanda, ouvindo as gotas d'água caindo na grama molhada. O cheiro que ficava ao término da chuva trazia-me paz, regozijo. Essa sensação de bem-estar me acompanhou por toda a vida.

Mamãe, acostumada aos modos do Barão, meu pai, não se adaptou ao novo modelo de administração imposto por Jamil. Apesar de lidar rigidamente com os escravos, meu pai nunca lhes impusera castigos descabidos, como o uso indiscriminado do pelourinho ou restrição de comida às crianças.

Cumprindo meu papel de esposa, ressentia-me ao confirmar o verdadeiro caráter de meu marido.

Padre Joaquim, que era muito amigo de meus pais, distanciou-se da fazenda; suas visitas espaçaram-se e, quando aparecia, seus olhos não traziam a mesma luz de outrora. Talvez ele tivesse percebido tarde as intenções daquela família.

As escravas da casa foram substituídas, sem motivo aparente. Jamil as escolhia pessoalmente e, sem qualquer constrangimento, selecionava as mais jovens e faceiras. Eram trazidas pelo novo capataz que, sem escrúpulos, apartava crianças do convívio com suas mães. Por volta dos 12, 13 anos iniciavam o trabalho doméstico.

A princípio, suas famílias se sentiam agraciadas, pois as meninas teriam melhor sorte. Os restos de comida servidos na senzala, a falta de higiene, não mais fariam parte de suas vidas.

Dona Maroca, minha mãe, acompanhava com os olhos o entra e sai dos serviçais. O Barão jamais autorizaria tais mudanças. Teriam eles escolhido mal o marido de sua única filha?

Mamãe concordava com sua posição de esposa, tinha prazer em executar tarefas caseiras, como administrar as mucamas, supervisionar a ordenha, determinar a quantidade de comida que seria feita a cada dia, acompanhar meu pai aos encontros religiosos na vila, tricotar com as mulheres dos fazendeiros vizinhos, etc. As escravas da cozinha dirigiam-se a ela com respeito, seu toque na comida era imprescindível, tinha mãos abençoadas.

Os sonhos de mamãe em relação a mim eram simples: queria que sua filha fosse como ela. Este era um ponto de divergência entre nós duas. Apesar de saber realizar todas as obrigações domésticas, almejava mais, o que assustava meus pais.

As meninas bem-nascidas como eu trocavam fofocas à tarde durante lanches, concorriam entre elas para conseguir o melhor partido ou o melhor vestido. Aquela ociosidade entediava-me, preferia a companhia de Eunice.

A ordem de Jamil era manter a chama dos lampiões noite afora. Acho que ele sempre esperava por uma revolta ou fugas em massa.

A relação entre mamãe e minha sogra era difícil, as duas tinham temperamentos opostos.

Dona Lucinda, minha sogra, não perdia oportunidade para desestabilizar nosso casamento. Argumentava sobre minhas aulas, criticava minhas leituras, envolvia-se com meus alunos e volta e meia pegava-a com o chicote na mão atrás das crianças. Sempre senti medo de seus olhos afogueados, impregnados de ódio. Sua altivez incomodava-me; sem meu sogro para reclamar, enchia os ouvidos de Jamil, as coisas pioravam dia a dia.

Na senzala, sentia-me amparada. Minha ama de leite retirou-se da Casa Grande, recebeu ordens expressas para não mais participar da organização da casa.

Nas alamedas enfeitadas por grandes palmeiras imperiais, as crianças costumavam fazer roda e chamar-me para as brincadeiras.

Nos dias de sol, costumava acompanhar mamãe em seu crochê para apagar um pouco de sua tristeza: ela sentia muito a falta de meu pai.

Do alto da escada, percebia minha sogra incomodada com a desenvoltura e o contato íntimo que eu tinha com os escravos. Por diversas ocasiões, acompanhei seus relatos ao meu marido.

Ao nascer do sol, do meu quarto, podia sentir o aroma do café sendo preparado na cozinha, ouvia o movimento das escravas reavivando o fogão a lenha. Pulava da cama cedo, tinha obrigações; as aulas foram uma grande distração para mim naqueles dias de adaptação. Os novos serviçais incomodavam-me, não conhecia todos e Jamil havia trazido muitos escravos de sua fazenda.

Os dias demoravam a passar, as manhãs eram prazerosas, somente as manhãs. Às vezes, pedia a Deus que me mostrasse por que estava ali, junto daquela família...

As crianças me aguardavam para as aulas e naquela manhã havia acordado diferente; sentira um mal-estar ao me levantar, mas não dera muita importância. Desci para o café da manhã no horário de sempre. Coloquei o guardanapo no colo, servi-me de café com leite e, com a xícara nas mãos e os apontamentos das aulas repousados na mesa, senti outro mal súbito, mais intenso, talvez mais real.

Uma espécie de clarão ofuscou minha visão e meus pensamentos voltaram-se para o Velho Mundo.

Vi-me com uma caneca de estanho nas mãos, rodeada por homens rudes e fortes, sentada ao redor de uma grande mesa de madeira. Pude até sentir o cheiro forte do porco, da ovelha e do vinho quente.

Vi algumas mulheres vestidas com peles de animais, outras com pesados vestidos com grosseiros bordados e pedrarias, adulando homens parvos, altivos, senhores de si.

Minha cabeça girava, uma tontura e um mal-estar acometeram-me repentinamente. Sem me dar conta, compelida pelos sentidos, retornava à época distante, em que a caça e a pesca eram os únicos meios de sobrevivência.

Nas casas, a pedra e o barro compunham as formas das construções.

O que significaria aquela cena? Desde pequena percebia crianças ao meu redor, cheguei a conversar com algumas delas; não me sentia uma pessoa comum, meus sentidos eram mais aguçados, as minhas mãos esquentavam, sentia arrepios ao me aproximar de algumas pessoas. Fui benzida por padre Joaquim desde que nasci.

Eu assustava mamãe, que corria para ele à procura de ajuda.

Naquela manhã, a sensação foi mais intensa, não tinha Joana ao meu lado...

Na senzala sabia que poderia melhorar. Tentei disfarçar o mal-estar e corri como uma menina assustada.

Joana me compreendia mais do que qualquer um naquela casa. Eu me sentia segura com suas longas explicações; ela, com certeza, detinha enorme cabedal de conhecimento.

– Marieta, lembre-se do que venho lhe dizendo, temos muitas vidas guardadas na memória, minha filha.

– Tento aceitar, mas quando vejo cenas como essa fico apavorada.

– Veja, minha filha, na época das Cruzadas muitos nobres valeram-se do contingente de homens disponibilizados pela Igreja Católica para alcançar Jerusalém, conquistando fortunas pelo caminho. Talvez você tenha participado dessa época da história – ela tentava me explicar.

Mesmo após séculos da colonização, nossos costumes não são respeitados. A precariedade das condições de sobrevivência, o controle dos padres sobre a sociedade, retira a esperança dos negros. Por isso, tenha cuidado, civilizações extracorpóreas são organizadas nas faixas vibratórias inferiores à Terra.

Na Idade Média, as trevas adensaram os corredores da escuridão, permanecendo sob a forma de labaredas. A carne dos homens massacrados pela Inquisição passou a exalar o terror dos tempos de penúria.

Cristo nos trouxe o exemplo de humildade, perdão dos erros alheios e, sem dúvida, padres revestidos em pele de cordeiros se aproveitaram da fraqueza, ganância e ignorância dos homens para apropriar-se de fortunas, verdadeiros tesouros.

Vez por outra entro em contato com os mentores de nossos terreiros, e, apesar de se mostrarem com roupas simples, aparência singela, sabemos qual a importância de suas revelações. Houve tempo em que relutei contra minha vidência, hoje sei quais são meus deveres como intérprete do Alto.

Rituais trazidos da África fazem parte da nossa cultura negra. Jamais esqueceria do que aprendi. Trouxe do Congo músicas e danças valiosas que atenuam as dores do coração e os sofrimentos impostos pelos brancos.

Em nossos cultos, muitos espíritos evoluídos comparecem para trazer-nos alento, cura e força.

Boas energias vêm se materializando nesta fazenda e, através de nossos rituais, conseguimos amenizar as influências negativas. A energia deletéria é dissipada nas rodas d'água.

O café plantado por escravos, armazenado nas tulhas, expele aroma salutar, espargindo ondas de luz ao redor dos trabalhadores da Terra.

Deus não desampara seus filhos, só os deixa evoluir, construir seus destinos graças às suas próprias escolhas.

– Marieta, volte a seus afazeres para que dona Lucinda não dê por sua falta.

– Vou já, minhas crianças me aguardam.

As manhãs soam como um renascimento e, ao encontrar os pequeninos, todo o desgosto desaparece.

Do outro lado da Casa Grande, os escravos faziam fila para receber um pedaço de pão e água. Com o desenrolar das negociações entre coronéis e a Igreja Católica as fugas se tornavam cada vez mais frequentes. Na visão simplista dos padres, os escravos deveriam reverenciar o Catolicismo.

Muitas ocasiões foram programadas para o batismo dos negros. Jamil, com sua sede de poder, levava nossos escravos para serem batizados. Achava isso importante, já que não queria divergir dos costumes da época. Muitos deles se recusavam a participar dos cultos à beira dos rios; o resultado disto era o corte da ração recebida diariamente e o pelourinho.

Em uma manhã de abril de 1839, tentei retomar as ordens de meu pai. Nunca havia presenciado situação tão degradante.

Ao dar a volta pela Casa Grande, encontrei Tião caído ao chão. Sr. Jorge, o capataz da fazenda, não perdia uma oportunidade de castigá-lo; provavelmente tinha receio que ele o substituísse. As refeições haviam sido divididas ao meio e Tião recusara-se a cumprir as ordens de Jamil.

Logo que chegou à fazenda, transferido da Engenho Doce, antiga fazenda de Jamil, afeiçoara-me a ele. Sem saber muito bem o porquê daquela empatia, Tião pediu a Jamil para me acompanhar nos passeios à cidade. Com isso, pudemos trocar impressões sobre a escravidão, falar sobre a diferença entre classes abastadas e os pobres. Tião era filho de uma negra, escrava da Casa Grande da fazenda de dona Lucinda.

Havia se destacado, demonstrando lealdade e bom senso nos tempos em que meu sogro administrava as contas da fazenda Engenho Doce. Tião acompanhava-o ao banco, onde depositava enormes quantias em dinheiro. Era um fiel escudeiro, preocupava-se ao deixar a estrada da fazenda levando os melhores cavalos com seus batedores para proteger seu senhor.

Durante a viagem, Tião ficava curioso para saber o que havia nas sacolas de lona. Meu sogro lhe respondia:

– São minhas economias, meu amigo. Este é meu pé de meia para a velhice.

Mal sabia ele que morreria em breve e que tudo passaria para as mãos de seu único filho, meu marido.

Tião nutria sonhos de libertação dos escravos, mas pouco falava sobre isso, temendo ser castigado por tais pensamentos.

Tanto ele quanto eu sonhávamos com a igualdade de oportunidades, com a higienização da senzalas.

Imaginávamos a situação das famílias que poderiam manter-se unidas e a tristeza vivida pelos escravos que eram separados de seus entes queridos constantemente. Fui me abrindo com ele e assim passou a colaborar com as minhas tentativas de ajudar os negros.

Com a morte do marido, dona Lucinda colocara outra pessoa em seu lugar, por isso ele fora remanejado. Eu enxergava nele uma desenvoltura superior; seu olhar familiar, seus modos delicados, suas opiniões inteligentes transmitiam-me segurança. Ao encontrá-lo caído ao chão, dei ordens para que os escravos fossem alimentados com dignidade.

Sr. Jorge retirou a chibata e partiu em minha direção. Desde pequena enfrentei os capatazes de meu pai, o problema foi que Jamil havia dado ordens expressas ao capataz para castigar qualquer pessoa que se opusesse às suas designações.

Espantei-me ao perceber a fragilidade de minha situação. Antes, protegida por meu pai, nada sentia.

Como desfazer aquele mal-entendido?

Jamil se encontrava em viagem. No Rio de Janeiro, os políticos se reuniam uma vez ao mês. Meu marido representava os fazendeiros da nossa região. Com a união das fazendas Estrela d'água e Engenho Doce, conseguiu reunir grande patrimônio.

No interior de São Paulo, muitos latifundiários utilizavam proteção e a escolta dos capangas de Jamil.

No início do nosso casamento, jovem, esperançosa, indignava-me com as atrocidades ordenadas por meu marido.

Corri para a varanda onde mamãe continuava com seu tricô. Assustada com a audácia de sr. Jorge reagi, gritei do alto da sacada, por pouco escapei do tronco.

Padre Joaquim, que se encontrava em preces na capela, correu para averiguar o ocorrido, conseguindo persuadir aquele brutamontes a desistir do castigo.

Longos dias se passaram até que Jamil retornasse à fazenda. Acompanhei o sofrimento e a renúncia dos escravos, aparentemente calados. Trabalhavam na colheita do café até o entardecer. Longas jornadas de trabalho foram impostas por Jamil assim que assumiu as rédeas da fazenda.

Como iriam resistir... fracos, famintos e com água escassa, pouco tempo aguentariam. Esses castigos eram aplicados vez por outra para agradar minha sogra, que se dizia católica e não se conformava com os rituais macabros daqueles negros.

Para meu marido, pouco importava sua crença, o que lhe interessava mesmo era o lucro das colheitas e do tráfico negreiro.

Pedi a Deus que me mostrasse um caminho para auxiliá-los.

O desrespeito ao ser humano, a falta de cuidados com as crianças e mulheres tocava-me profundamente.

Ao descer para o desjejum, em uma manhã de inverno, época em que todos permaneciam em seus aposentos até o raiar do sol, pude reparar na enorme quantidade de farinha, ovos e queijos armazenada na dispensa. Com muita cautela sondei as escravas da cozinha.

Eunice auxiliou-me na escolha de duas meninas para separar os mantimentos e, pouco a pouco, sem chamar a atenção de minha sogra, que a cada dia ia se assenhoreando das incumbências da Casa Grande, conseguíamos alimento para os negros.

Ao perceber o silenciar, o acalmar da rotina da casa e as escapadas de Jamil para a senzala, escondia os alimentos no porão, logo abaixo das tábuas da sala. Outrora, papai havia construído ali um esconderijo para guardar as armas e outras ferramentas de uso pessoal.

Capítulo III

As senzalas foram construídas no mesmo plano das tulhas: do meu quarto, acompanhava os escravos acendendo cada lampião ao redor do terreiro.

Sexta-feira, dia de oração, os escravos tomavam seus lugares e sem qualquer alvoroço iniciavam às 20 horas seu ritual, um tanto modificado, adaptado às influências recebidas dos jesuítas.

Através da mediunidade de certos escravos, eram permitidos a utilização de ervas curativas e também banhos com flores, aliviando os enfermos que, a cada novo castigo de Jamil, sofriam com a falta de higiene, com o desconforto das senzalas e, principalmente, com a falta de respeito humano.

Os negros eram açoitados com frequência. Nos castigos, o requinte do ódio e do desprezo pela raça humana estava estampado nas feições daqueles que cumpriam as ordens do patrão.

Sr. Jorge era perverso. As revoltas na fazenda Estrela d'Água tornaram-se frequentes e, por consequência, o pelourinho era o melhor amigo do capataz.

Nas reuniões espirituais junto às tulhas, os escravos recebiam auxílio do Plano Espiritual. Com hora marcada, unindo os pensamentos em direção ao Alto, nossos irmãos eram envolvidos em forte luz que podia ser identificada a distância.

Na Casa Grande, concentrava-me com os olhos cerrados, imaginando anjos vindos do céu, trazendo paz e esperança a seus corações.

Muitas vezes, percebia as tonalidades que envolviam todo o terreiro. Sentia-me transportada para lá: a enorme gama de amarelo, azul e rosa permanecia intensa ao redor de todo os espaços habitados pelos negros. Das plantações de café, o aroma de seu fruto vinha bailando, percorrendo as estradas utilizadas pelos escravos.

A natureza, os pequenos animais e outros seres ainda em desenvolvimento, como os elementais, tratam de proteger o nosso planeta.

Durante seus rituais tudo corria bem; o respeito e a consciência de que algo maior os protegia eram evidentes.

As condições de vida impostas a eles ultrapassavam a miserabilidade. Em razão do imenso contingente de negros no país, que somava três vezes mais que o dos brancos, revoltas eram organizadas, além das pequenas sabotagens individuais contra os senhores.

Na beira do rio, as lavadeiras demoravam mais do que o necessário, enquanto as mucamas rasgavam algumas peças de roupas para prejudicar o andamento da casa.

Banhados no seu próprio suor, os negros experimentavam todo tipo de sofrimento. O que os sustentava eram a união e a fé, que permaneciam inabaláveis em quase todos.

Por longos meses, observei o comportamento de minha sogra. O controle que tinha sobre meu marido era incrível. Percorria a Casa Grande todos os dias, ordens eram dadas sem que ele percebesse. Qualquer desvio dos seus planos era solucionado com discrição. Fazia com que seu filho a visse como uma mulher perfeita, permitindo que a intimidade, o conforto e a parceria conduzissem a relação.

Nunca houve lugar para mim.

Intermináveis conversas, inúmeros acontecimentos, mostravam as intenções desta família que havia se apossado dos bens de minha mãe e dos meus.

Chorei muito ao encontrar mamãe desfalecida em seu quarto quatro anos após a morte de papai. Sabia de sua tristeza e não tivemos tempo de estreitar nossa amizade. Com a partida de papai, a apatia invadira seus olhos e mal conversávamos.

Mamãe adoecera, o médico já havia sido chamado. Dona Lucinda já ansiava por providenciar seu velório, enquanto dr. Antenor terminava de examiná-la.

Não percebia a ansiedade de dona Lucinda para terminar com todos os procedimentos. Eu só tinha olhos para mamãe, ansiava por sua recuperação, não tinha mais ninguém.

Culpei-me no futuro, sua partida repentina incitou desconfianças na fazenda.

Na cozinha, Eunice pensava no seu sofrimento. Qual seria seu destino após a morte?

Mamãe teria sido envenenada?

O médico fora dispensado com extrema pressa. Os acontecimentos impediram-me de avaliar melhor a situação.

Dona Lucinda teria tido alguma participação nesse desencarne?

Desde a sua chegada à fazenda, ocorrências estranhas foram relatadas pelos escravos. Crianças desapareciam, escravas eram espancadas na calada da noite e jogadas em valas, bebês recém-nascidos morriam sem que pudessem chegar a conhecer seus pais.

A promiscuidade na fazenda Estrela d'Água era estimulada, pois, quanto maior o número de nascimentos, maior o acúmulo de posses.

Com a partida de minha mãe, passei a observar as atitudes de dona Lucinda que, sem a menor cerimônia, se acomodou no antigo quarto de meus pais. Apenas 20 dias após a morte da dona da casa, ela já dava ordens da cozinha ao curral. A produção de leite foi diminuída; quanto mais escravos na plantação, maior era a rentabilidade da fazenda.

Josefa, mãe de Eunice, mantinha a ordem na cozinha. Suas ajudantes eram novas, sem prática. Com as modificações de Jamil, os escravos da Casa Grande tiveram de aprender etiqueta, serviços finos, como limpar a prataria, usar luvas ao servir as refeições e ainda fazer reverência ao encontrá-lo. Esse treinamento era função de minha sogra, que demonstrava imensa facilidade para a tarefa.

Papai e mamãe tinham modos simples de vida, por isso essa necessidade de aperfeiçoamento dos escravos.

A ração na Casa Grande era melhor. Os restos das refeições eram destinados às escravas mais jovens, em seguida os homens serviam-se e logo os mais velhos.

Com o passar do tempo, encontrei características dos romanos na administração da fazenda.

Joana me advertira a esquecer aquela impressão. De acordo com seus conhecimentos, os espíritos libertos da carne se aproximam dos homens que cultivam os mesmos pensamentos e atitudes deles quando encarnados.

Capitães do mato provavelmente teriam sido guardas romanos, os quais levavam os cristãos até a morte nas arenas.

Padre Joaquim lia textos explicativos aos escravos, comentava passagens históricas, dilacerações de sociedades inteiras, tentando explicar-lhes quanto sofreram seus antepassados.

Muito jovem, empenhado em conservar a dignidade humana, destoava dos outros eclesiásticos da cidade por preocupar-se com a escravidão.

O Domingo de Ramos de 1845 ficou gravado na memória de todos nós. Jamil havia programado uma reunião das famílias abastadas da redondeza. Caixeiros viajantes, rapazes de boa aparência, amigos do Rio de Janeiro, capatazes de fazendas vizinhas, todos haviam sido convidados.

Muita fartura e encomendas vindas do Reino, como fogos de artifício, além de chita branca e alpargatas de corda providenciadas para todos os escravos.

Jamil era ambicioso, queria o título de Barão de Araruama, que fora instituído por D. Pedro II um ano antes. A essa altura, já não me importava com os filhos que não tivemos, nem com a falta de companhia.

A despensa já estava cheia, os recitais programados, as receitas de Joana foram preparadas por toda a semana precedente à comemoração.

– Jamil, venha recostar-se.

– Marieta, tenho muitas obrigações. Não tenho tempo para descanso. Padre Joaquim confirmou a presença do bispo. Na capital, as comemorações são repletas de diversões. Preciso distrair esse povo, adular os convidados e derramar presentes aos convivas. Vou dar uma olhada na senzala.

– Já é tarde, deixe para amanhã.

– Nem pensar, com o título de Barão de Araruama serei mais respeitado e minha fortuna se multiplicará.

– Propriedades, ouro, fortuna... É só nisso que você pensa? E quanto às condições sub-humanas das senzalas? Nossos negros não têm direito a nada?

– Abaixe o tom de voz. Contenha-se, pois venho me aborrecendo com seus modos.

– Não devo respeito a você, meu caro. Roubou-me e apossou-se dos meus bens.

– Como ousa, Marieta? Seu pai transmitiu as rédeas da fazenda para mim e tento multiplicar nossas posses.

– Na verdade, não tenho tanta certeza de suas intenções.

– Minha mãe tem razão, mulher deve ser guiada debaixo de cabresto. Aquela escola só está inteira até agora porque padre Joaquim considera importante tal iniciativa e necessito do apoio da Igreja para conseguir meu título.

– Padre Joaquim acredita em suas intenções, pensa apoiar um homem honesto, digno.

– Lave sua boca, Marieta.

– De nada vale o seu poder. Não tem amor.

– Está se queixando do que, sua ordinária? Venho acompanhando suas saídas e conto os dias para me livrar de você.

– Não ouse, o meu desaparecimento seria a sua derrota.

– Maldita! Já me livrei de seu pai, pouco me importa o que pensam de mim.

– O que disse?

– É isso mesmo o que ouviu. Dei cabo de seu pai. Aquele velho rabugento mereceu o fim que teve.

– Não acredito no que me diz. Como retirou a vida de meu pai?

– Não vem ao caso agora. Pelo menos sabe do que sou capaz.

– Assassino!

– Durma, minha cara. Amanhã teremos muitas providências a tomar. A fazenda deve ser o exemplo da região. Devo lembrá-la de que não há provas contra minha pessoa. Guarde bem minhas palavras: comporte-se, caso contrário receberá uma picada de cobra.

Naquela noite sonhei com cavernas, fogo, ruínas, lodo... cheguei a sentir o odor do barro, da lama fétida. Eu me vi rodeada por morcegos e outras figuras disformes, as quais me assustavam, perseguiam e eram perseguidas.

Acordei encharcada pelo suor; não sei por onde andou Jamil, pois bateu a porta e trancou-me no quarto ao terminar aquela conversa.

Aquela revelação veio comprovar as minhas desconfianças. Há muito desconfiava da repentina morte de papai.

Só o tempo me traria maior confiança em Deus... sentia revolta, horror pelos homens e medo de ser assassinada.

Questionava meu destino, conversava com os santos da Igreja, pedia luz aos espíritos amigos dos negros, fazia de tudo para compreender como pudera me deixar levar a tal situação.

Sentia-me abandonada, entristecida e pressionada a dar filhos àquele homem abominável.

Concordei com a festa para conseguir melhores condições aos nossos escravos, se bem que minha autoridade havia sido reduzida a pó.

A confecção de roupas novas não seria suficiente para impressionar os convidados, por isso convenci Jamil a comprar cal e brochas para pintar os muros e palha nova para confeccionar novos colchões para os escravos.

Providenciei mudas de jasmim, rosas e margaridas para serem plantadas nas janelas da senzala, tudo para melhor impressionar os convidados.

A condição feminina era desvalorizada e, apesar de filha do barão, nada recebi ao perdê-lo.

Em Araritaguaba, pequena aglomeração de escravos encontrava conforto nas obras da igreja. Padre Joaquim tinha grande influência sobre os fazendeiros dos arredores. Jamais pensei encontrar um companheiro nos esconderijos da igreja. Com os dias ocupados pelos preparativos da festa, Jamil e minha sogra faziam várias viagens à cidade. No armazém podiam encomendar os diversos acessórios para a festa de Domingo de Ramos.

Esgueirando-me pelas saídas secretas da Casa Grande, aproveitava a distração dos meus familiares para visitar padre Joaquim.

Em barracão próximo à igreja, protegidos e amedrontados, negros fugidos de fazendas vizinhas sobreviviam. Compelidos pela piedade, jovens fazendeiros, filhos, herdeiros como eu, participavam das ações contra abuso do poder.

Capítulo IV

Rafael regressou do Rio de Janeiro com seu diploma de advogado.

O momento do seu retorno era apropriado. Com as senzalas abarrotadas, Jamil pretendia impressionar os escravagistas. Sem piedade, separava famílias e os pequenos rebentos eram encaminhados para as amas de leite; tratados como animais, engrossavam as fileiras dos escravos contrabandeados.

Pobres inocentes, encontravam dura realidade ao se depararem com o capitão do mato.

Rafael, primo de meu marido, havia voltado a Araritaguaba para dar continuidade aos seus sonhos de infância. Desejava proteger os negros, encaminhá-los a lugares seguros, transformar a dura realidade dos escravos. Nomes anônimos contribuíram para que o processo institucional da escravatura fosse sendo minado.

Encontramo-nos com padre Joaquim na igreja e Rafael nos colocou a par das ocorrências na capital. Juntara-se a um grupo de advogados, cultivavam os mesmos sentimentos de alguns personagens da História.

Na Tijuca, bairro de influência europeia, encontrara apoio para suas ideias de libertação dos escravos. Reuniam-se todas as quartas para comunicar os desatinos da justiça. Os negros eram espancados, mutilados, enclausurados em espaços com condições sub-humanas.

A realeza requeria imensos cuidados e os chefes das províncias esmeravam-se nos castigos para provar a eficiência de seus métodos.

Rafael, quando menino, havia presenciado barbaridades dentro da propriedade de seus pais. Revelou-se grande aliado dos negros.

Quando criança, apaixonara-se por uma jovem escrava serviçal da Casa Grande. Infelizmente, consequências desastrosas ligadas a eles cortaram o destino do casal. Sua mãe havia percebido a aproximação de ambos e quando Jacira completou 15 anos foi mandada para o tronco, por ordem da dona da casa, sob acusação de furto de objetos de valor.

Jacira, menina delicada e sensível, não resistiu às chicotadas, deixando Rafael no auge de sua juventude. Aos 17 anos, ela resolveu cursar advocacia e defender causas referentes às injustiças relacionadas aos negros. Desde então ele vinha se dedicando a isso.

A família de Rafael fora proprietária de muitas terras na época da cana de açúcar. Seu pai, irmão de meu sogro, deu passos errados exagerando nos gastos que não eram compatíveis a sua receita. Mudaram-se para a capital, Rio de Janeiro, vivendo de influência política, troca de favores, entre outras atividades ilícitas.

Meu marido mantinha bom relacionamento com seu tio, que aproveitara a formação de seu filho enviando-o à Europa para consolidar os contatos políticos. Os negócios prosperavam e o apoio na capital era de grande importância. Rafael não concordava com os métodos de seu pai, por isso aproveitou os contatos da época da faculdade para resgatar negros dos quilombos, colocando-os em navios com destino à Europa. Seguiam clandestinamente, escondidos, auxiliados durante a viagem pelo comandante que mandava lhes servir água e ração.

Na faculdade de Direito, encontrou apoio nos colegas e professores que defendiam os direitos humanitários. Da infância, carregava a dor e a falta de carinho. Primeiro filho, indagava sobre tudo; os pequenos afazeres das escravas, plantação da cana, a colheita e os livros, tudo despertava-lhe a curiosidade.

Famoso pelas sua rimas e musicalidade, distinção em seus estudos, cabia a ele seguir o lugar do pai. As armadilhas da vida afastaram-no do campo, bem como de sua família.

Resgates de épocas distantes cabiam a ele naquela existência. Quando encarnado em Jerusalém, Gamalião era seu nome. Nascido em meio abastado, recebera chance de orientar sua filha nascida do amor. Por orgulho, rejeitou a menina e tratara a própria filha como escrava, deixando de amá-la por interesses materiais. Naquela época, somente os homens eram valorizados. Gamalião havia deixado de lutar contra seus enganos entregando-se aos poderes materiais. Estigmatizado, abandonado pelos seus, viveu longos anos de arrependimento trancafiado no porão de sua própria casa. A esposa deixou-o ainda jovem, partindo daquela vida cheia de culpa. A filha revoltou-se, fugindo de casa por volta dos 13 anos e entregando-se à prostituição.

Retornando ao plano espiritual, Gamalião vivenciou enorme desespero. Abandonara sua filha.... havia se esquecido de seu comprometimento anterior, isso fora há muito tempo, por volta de 632, ano de muitas provas no local onde reencarnara. Os judeus convertiam-se ao Cristianismo, a sociedade ainda era regida pelos homens. As mulheres eram pouco valorizadas. Antioquia, no Oriente, passava por grandes mudanças.

Na comunidade espiritual, para onde retornara por pedido de sua esposa, não poderia permanecer. Do outro lado da vida, muitas comunidades são formadas por afinidade de pensamentos e os dele estavam povoados de culpa, sua consciência o atormentava. Por isso, passou um período em outra colônia de recuperação.

Muitas encarnações vivenciou até que pudesse voltar a encontrar sua família espiritual. Rafael não tinha consciência de quem fora no passado, tinha em seu peito a dor dos erros de outrora, mas por misericórdia divina recebera o benefício do esquecimento do passado, como todos os espíritos que reencarnam.

Sua luta para a libertação dos escravos tinha força, sua alma sentia necessidade de perdão.

Naquela manhã, próximo a mim e ao padre Joaquim, sentia-me em casa novamente. Os anos de estudo no Rio de Janeiro serviram-lhe de escudo para o fortalecimento das organizações antiescravagistas.

Jamil esqueceu-se do episódio em que me encontrou abraçada com Rafael, pouco antes do casamento. Havia passado por cima de tudo, seu orgulho, sua honra... enfim teria as propriedades que lhe cabiam por direito, como esposo da filha do barão mais influente da região.

Assustei-me ao rever Rafael. Aquele sentimento forte estava adormecido em meu peito; a troca de olhares foi tão intensa como outrora ocorrera no jardim da fazenda de meus pais. Apesar da aparência madura, óculos, barba e cabelos engomados, Rafael mantinha a alma jovem. Vários anos haviam decorrido desde nosso último encontro. Nossos corações batiam descompassados, o tempo não havia passado para nós, o sentimento continuava forte e intenso.

Rafael correu para me abraçar, não resisti e chorei de emoção. Quantas noites passara acordada, quantos saraus assistira esperando encontrá-lo novamente. Deus havia nos reaproximado e nada fora esquecido.

Padre Joaquim, sensível e perspicaz, identificou que a forte ligação de almas mantinha-se viva, intocável.

Há muito havia conversado com o Barão para que deixasse os comprometimentos anteriores e autorizasse a nossa relação. Quando pequeno, Rafael acompanhava os tios à Fazenda Estrela d'Água. Eu despertara-lhe o amor desde muito cedo. Infelizmente, seu pai não possuía tantas terras como o de Jamil.

Eu nada falava sobre meu desejo, demonstrava grande interesse pela leitura, escravos, música, entre outras atividades.

No dia das bodas, Rafael partiu para refazer sua vida e quiçá esquecer-me.

A comemoração de Domingo de Ramos seria o pretexto para sua volta. Padre Joaquim tinha conhecimento dos contatos políticos de Rafael e ansiava pela libertação dos escravos.

O moço acompanhou os movimentos do quilombo próximo a Araritaguaba; mencionava nas rodas da alta sociedade os interesses de Jamil, sua ganância, a morte repentina do Barão e de sua esposa.

Na Europa, em especial na Inglaterra, a revolução industrial havia promovido a possibilidade de abertura dos portos brasileiros. Ingleses traziam ferramentas, tecido e aço. Partiam levando açúcar, tabaco, cacau e ouro. Nos porões, os escravos eram colocados escondidos entre as mercadorias carregadas da capital. De lá partiam com destino traçado. Chegando à Inglaterra poderiam exercer o livre arbítrio, trabalhar como assalariados, produzir nas indústrias que necessitavam de mão de obra barata.

Rafael conseguira se enfronhar no comércio internacional por causa dos contatos políticos de seu pai e da temporada que passou aperfeiçoando seus estudos na Europa.

Os negros fugidos, moradores dos quilombos, mantinham contato com os mascates e taberneiros, vendendo mercadorias confeccionadas pelas mulheres; comercializavam o ouro retirado das minas em Minas Gerais, acumulando recursos para alforriar escravos, aumentando assim a força de tutelados dos quilombos.

Estudantes retornavam da Europa com ideias abolicionistas, uniam-se a movimentos de proteção aos negros, mantinham residências para acolher os alforriados e os fugitivos. O movimento de libertação crescia.

Rafael iniciou um contato mais estreito com o líder do quilombo próximo à fazenda de Jamil.

Encontrei-me com Rafael meses antes da festa. Combinamos ir ao quilombo ao cair da noite de sexta-feira, quando os negros faziam suas danças e rituais.

A fazenda se enchia de luz, amor e paz. Com vibrações benéficas, cores variadas desde o púrpura até o azul, os escravos recebiam auxílio, reestruturando-se espiritualmente. Com a distração da dança, os mentores espirituais aproveitavam para higienizar-lhes o perispírito, corpo mais sutil que se desprende do corpo físico no momento do desencarne, podendo ser chamado também de alma. Aqueles que se rendiam, entregavam-se com fé, podiam sentir com maior eficiência a cura do espírito, recebendo os benefícios da cura.

A Lua mostrava-se cheia. Sob a proteção do Alto, Rafael e Eu nos aproveitamos de uma das reuniões de Jamil para seguir a mata densa, engendram-nos pelos difíceis caminhos que levavam até o quilombo.

O orvalho banhava o verde das plantas selvagens, a relva macia aconchegada pelo orvalho nos deixava a sensação de bem-estar a nossa caminhada.

Eunice nos aguardava ansiosa. Eu havia lhe contado sobre a influência de Rafael que há muito tentava auxiliar seus companheiros. Aguardava uma oportunidade para retirar também sua filha dali, onde se mantivera escondida de Jamil. Eunice mantinha a menina em segredo. Não queria que fosse vendida ou assassinada pelos capangas daquele homem abominável.

Eunice sempre sentira algo desprezível pelo meu marido, mas não podia identificar o porquê.

Desde que Jamil a abordara em seu leito, haviam passado anos do nosso casamento; não esperava que isso pudesse acontecer, pois éramos amigas inseparáveis. Quanta sujeira, quantas vidas perdidas, pensava ela. Tinha prometido a si mesma que naquela noite contaria para mim o que realmente acontecera: sua filha era filha de Jamil, que vergonha!

Qual seria o motivo para Jamil desrespeitá-la tanto?

Joana havia conversado muito com Eunice na época da gravidez, seus conselhos lhe foram muito úteis. Com a sua ajuda, Eunice conseguiu levar a gravidez adiante.

– Marieta, Rafael! Deus os trouxe até aqui esta noite...

– Como vai, Eunice?

– Como Deus quer. E você, Rafael, quanto tempo... Por onde tem andado?

– Venho do Rio de Janeiro e trago-lhe boas notícias. Sua filha poderá partir em breve.

– Meu coração fica apertado, mas sei que devo confiar em você. Quero um futuro melhor para a minha menina e aqui estará fadada ao esconderijo. Como pedi a Deus que este momento chegasse! Em minhas preces, tenho colocado o nome de seu pai...

A filha de Eunice partiria para a França e lá receberia os cuidados de uma amiga de Rafael que se encarregaria dos seus estudos e educação.

– Eunice, você havia me dito que não sabia quem era o pai da menina. Fora abusada na senzala e nada teria visto. O que é isso agora? Não confia mais em mim?

– Querida amiga, eu nunca deixei de confiar em você. Apesar de minha inocência, queria preservar o seu coração de mais este desgosto.

– Não pode ser.... Quem é o pai desta criança?

– Senta, contarei tudo. Já não podia guardar esse segredo comigo. Rafael a apoiará.

– Como assim? O que está acontecendo aqui?

– Rafael tem se mantido a par dos acontecimentos, trocamos alguns bilhetes. Desde que fui expulsa da Casa Grande, nós duas tivemos menos contato, não é mesmo?

— Sim, mas o que Rafael tem a ver com isso?

— Com a história em si, nada. Tentava me ajudar.... Jamil passa muitas noites fora de casa, não é mesmo?

— Sim.

— Sei que tem sido cobrada pela sua sogra para ter um filho e eu não queria te entristecer, pois Jamil tem muitos filhos bastardos e a mãe sabe disso. Por isso te cobra, sabe que o problema não vem dele.

— Então?

— Fui abusada por teu próprio marido.

— Não, você não. Implorei a ele que não se envolvesse com os meus... Então é por isso que você não voltou para a Casa Grande quando enfrentei Jamil?

— Jamil é diabólico, fez isso para me afastar de vez. Seu plano deu certo, sabia que teria vergonha de você. Ele não sabe que a criança nasceu.

— Joana tem me aconselhado a não abusar e ter mais paciência com minha sogra. Não consigo; o ódio e a revolta me dominam. Quantas coisas os dois têm planejado sem o meu conhecimento... não me sinto bem, acho que vou desmaiar.

— Marieta! Sente-se aqui. Rafael, peça um copo de água para ela. Corra, corra!

Apoiei-me nos ombros de minha amiga de infância e chorei como nunca. O abandono, a solidão, a falta de apoio eram um peso grande a carregar. Sentia-me aprisionada em minha própria casa.

Naquela noite, uma estranha sensação apoderou-se de meu ser.

Medo, frio, arrepios e aquela tontura novamente.

Imagens de fogo, desespero. O cafezal e as plantações foram rapidamente queimados. A imagem de Jamil com roupas rasgadas, perambulando pela rua e com forte odor de cachaça circulava ao meu redor. O torpor fora mais forte desta vez. Quando me recuperei, Rafael me tinha em seus braços. Seus olhos assustados, arregalados, demonstravam a imensa preocupação comigo.

Pesadelo, premonição ou desejo?

Rafael cuidou de mim até o amanhecer. De volta à Casa Grande, ele se despediu de mim com o coração pesado. Uma jovem escrava encarregara-se de meu banho. A meu lado, ela permaneceria até que eu adormecesse.

Rafael, atordoado com o meu mal-estar voltou à cidade e tomou algumas providências para recuperar a antiga casa de sua família. Na cidade, quando em posse de fazendas, seu pai mantinha uma propriedade para apoio da família.

Rafael encontrara a casa em péssimo estado, mas com o dinheiro do grupo carioca poderia reformá-la e usá-la como apoio para os negros.

Alguns amigos da juventude já estavam à sua espera. Com a ajuda de padre Joaquim, pudera comprá-la sem que ninguém desconfiasse. Para qualquer efeito a casa seria de propriedade da Igreja.

O movimento da Inconfidência Mineira tivera grande repercussão em São Paulo. De Minas Gerais vinham ouro e pedras preciosas para apoiar a alforria de escravos. Com a morte de Tiradentes, estradas passaram a ter maior vigilância e o transporte de tais insumos ficou prejudicado.

Rafael comprometera-se a auxiliar nas ligações entre as vilas, facilitando a passagem dos escravos que vinham do sul, conservando a casa como ponto de apoio. A paisagem política deixava a desejar. Muitos vereadores estavam comprometidos com a aristocracia local, e não com o povo.

Rafael e eu comungávamos das mesmas ideias; o povo será vencido se não houver pessoas dispostas a protegê-lo.

Artigos nos jornais locais retratavam o clima de transformação na Europa e América do Norte.

Companheiros de Rafael lhe enviavam notícias da Revolução na Inglaterra e da necessidade de trabalhadores nas cidades. Os conteúdos das cartas eram sigilosos, porém os cuidados foram multiplicados quando Rafael transferira-se para Araritaguaba.

Navios desembarcavam da Europa com pertences e encomendas para a comemoração de Domingo de Ramos. Jamil mantinha-se alheio aos acontecimentos periféricos da fazenda. Seus capangas foram instruídos a patrulhar a fazenda, muito dinheiro havia sido investido naquela festa.

Dona Lucinda me dera uma trégua, sua dedicação era exclusiva ao filho e aos preparativos do grande evento. A posição política de Jamil envaidecia sua mãe.

Desde pequeno, fora orientado a tirar o maior proveito das situações. Jamil cresceu neste ambiente: a corrupção, a tortura, o ódio, a avareza eram os exemplos que carregava de sua mãe.

Fortemente abatido, Rafael segue para o funeral de padre Joaquim. Repentino mal-estar derruba-lhe ao chão e dali não mais sairá.

Os boatos circulavam na cidade; padre Joaquim arriscara-se ao comprar a casa para Rafael em seu nome. Jamil suspeitara do envolvimento entre ele e Rafael.

Semanas antes do Domingo de Ramos, outro pároco chegou à cidade. Neste ínterim, Rafael já havia transferido sua casa para o nome de um amigo. Padre Joaquim havia feito uma procuração para Rafael, caso viesse a falecer.

Desde a morte de minha mãe, dificuldades de relacionamento com a mãe de Jamil prejudicavam o auxílio aos meus protegidos.

Liderei o cortejo fúnebre. Aprendera a tratar todos igualmente. Quando criança acompanhava padre Joaquim, visitando os pobres, miseráveis, nobres, mascates, enfim, todos eram iguais para ele.

Sentia-me abandonada mais uma vez. Como seguir a vida sem meu amigo? Aprendi a amar padre Joaquim; suas intenções eram boas, só não podia expor-se perante a Igreja. Por isso a proibição de os negros participarem das suas missas. Confidenciara-me certa vez quanto doía seu coração quando negava auxílio aos escravos. Na varanda da Casa Grande, trocávamos ideias sobre a libertação dos escravos. Sonhávamos com uma sociedade livre de preconceitos.

Foi com ele que compartilhei o imenso sentimento de amor que tinha por Rafael. Dele recebi apoio e proteção para os encontros de amor no jardim da paróquia.

O cortejo fúnebre foi acompanhado por quase todos os moradores da província.

Por que Deus o levara tão cedo? Afinal de contas acabara de completar 60 anos.

Na fazenda, nomes de importância de São Paulo e do Rio de Janeiro foram recebidos com docinhos, bolos e tortas. Após o enterro, o chá, servido na varanda, trazido da Inglaterra, espargia um aroma agradável de frutas silvestres.

Jamil, como sempre, comportava-se como um lorde na frente da sociedade. Tratava-me com respeito, aguardava que eu me sentasse para depois tomar o seu lugar.

Dona Lucinda, melindrada e com ciúmes do filho, tomava a frente, portava-se como anfitriã.

Para acompanhar o chá, a conversa seguia fútil e lastimosamente ninguém se importava com a partida repentina do meu amigo.

A festa era aguardada com ansiedade. Dali a algum tempo, a corte, políticos, fazendeiros estariam de volta a Porto Feliz.

Como encontrar novas possibilidades de auxílio? Teria o novo padre os mesmos princípios de padre Joaquim?

Desde pequena, sonhava com imagens de fogo, destruição. Via pessoas perambulando por terras destruídas. Fomos educados para acreditar que conseguiríamos comunicação com DEUS por intermédio da religião. Pouco sabíamos da verdadeira intenção desses párocos...

O que será dessa luta? Deus teria enviado Rafael de volta a Araratiguaba para fortalecer o trabalho que fazíamos?

Na varanda, Rafael me observava, talvez pressentisse a minha insegurança, meu abandono...

Nestes dias de luto, pude perceber a falsidade dos meus parentes e agregados que se puseram no meu caminho.

Josefa trabalhou incansavelmente na cozinha, recebíamos muitas visitas. Jamil e minha sogra participavam de todas as missas dominicais, a sociedade da época reunia-se nas igrejas para demonstração de seu poder. As mulheres se preparavam para competir entre si. "Qual seria o melhor traje? Como parecer mais rica e nobre?", pensavam.

Navios carregados de iguarias, tecidos e perfumes vindos da Europa chegavam a Araritaguaba. Encomendas dos coronéis eram enviadas direto para suas fazendas.

Participei do teatro, das dissimulações de Jamil durante as homenagens a padre Joaquim. De mãos dadas, passeávamos pela cidade.

Esta situação me incomodava imensamente. Não conseguia me esquecer de Joana, minha ama de leite. Há tempos Jamil a afastara de mim, mas quanto mais eu sofria, mais lutava pela causa dos negros.

O calor e roupas inadequadas incomodavam para montar. Por isso, logo após as despedidas voltamos à fazenda. Procurei, nos baús guardados no sótão, camisa, botas e tecido.

Ao pisar naquele lugar preservado, resguardado pelo tempo, senti uma energia diferente; o restante da casa parecia mais triste, escuro... Jamil jamais havia pisado ali.

Dona Lucinda, preocupada com as aparências, não se interessava por objetos e roupas velhas.

Procurei saber quem tinha acesso, quem poderia subir até ali. Qual dos escravos poderia subir? O sótão fora esquecido. Vigiei o movimento da casa por diversos dias e ninguém subia ali.

As compras naquele momento não eram tão controladas. A preocupação com a festa proporcionava facilidades.

Resolvi usar roupas masculinas para melhor disfarçar-me. Durante a noite, escondia-me na despensa e, sem que ninguém percebesse, carregava farinha, melaço e pinga.

Capítulo V

Da antiga fazenda de Jamil chegaram alguns escravos para ajudar na festa. Entre eles, um senhor muito bem-apanhado que iria conduzir algumas carruagens. Logo que chegou, identifiquei-me com ele. Senti confiança e resolvi arriscar. Contei-lhe o que fazia, pedi que me ajudasse, assim poderia cooperar com a libertação dos negros, irmãos dele.

O acordo foi o seguinte: ele levaria os mantimentos até o quilombo e eu arranjaria uma maneira de libertá-lo no futuro.

Vestida com as calças de meu pai, camisa confeccionada por Joana e botas emprestadas, driblava a vigilância.

Rafael, eu e algumas escravas de minha confiança carregávamos os mantimentos à noite até a charrete e Tião se encarregava de distribuir o carregamento.

Rafael seguia conseguindo remédios vindos diretamente da capital.

Nas estradas mais vigiadas encontrávamos homens dispostos a proteger o movimento de libertação dos escravos. Era Rafael quem se encarregava do contato e proteção nas estradas.

No sótão, vestia-me e sonhava... A fragrância do eucalipto próximo à casa abria as portas de minha imaginação e, naqueles instantes, sentia-me mulher, com desejos, aspirações e esperança. Alguma coisa levantava o véu cinza que me envolvia; entregava-me ao passado, lembrando de Rafael...

No quilombo, em sua casa na cidade, encontrávamo-nos secretamente. Usava trajes masculinos para escapar dos olhos de minha sogra.

Com o tempo, passamos a confiar em Tião. Era conduzida para fora da fazenda na carruagem de transporte de alimentos. Aproveitando a desordem e o acúmulo de responsabilidades, pudemos sentir o amor que ardia em nossos corações.

Algumas horas, breves momentos, todas as oportunidades foram aproveitadas para compensar as saudades.

Alguns escravos de confiança, responsáveis pela segurança das terras, davam um jeito de enviar-me recados.

Tião resolvera arriscar-se, tentaria melhorar sua posição na fazenda. Sabia que a fazenda, por direito, pertencia a mim.

Sem perceber o perigo que corríamos, participávamos de reuniões sociais, durante as quais minha sogra compartilhava as suas proezas com antigas amizades. Meu marido e eu seguíamos interpretando para todos. Com imenso respeito éramos tratados, pois ele já havia modificado sua posição social. Jamil seria o próximo governador da província, seu primeiro passo seria conseguir o título de Barão de Araruama. Isto lhe fortaleceria a imagem para então chegar a governador. O resto da família, que não contava com altos cargos nem dinheiro para bancar as canalhices dos políticos, entretinha-se com suas conquistas. Minha sogra e Jamil estavam interessados principalmente na venda ilegal de escravos. Tal posição lhes traria proteção e respaldo legais.

As reuniões políticas tomavam lugar em uma das propriedades rurais do café.

O mundo já não compactuava totalmente com a escravidão, muitos países haviam se transformado em repúblicas. A monarquia na França, por exemplo, fora derrubada e o último rei, degolado em praça pública.

Quando os correspondentes, amigos de Rafael, chegavam com novidades da Europa, o grupo abolicionista reunia-se em sua casa, na cidade.

Na fazenda Estrela d'Água, cativos, brancos e mulatos esbarravam-se, pouco se importavam com o movimento alheio, todos corriam para cumprir seus afazeres.

Capítulo V

Os meses que precederam a grande festa foram abençoados pelo encantamento, pela leveza no ar que podia ser sentida a quilômetros de distância.

As famílias negras foram autorizadas a se reunir nas senzalas. Participavam dessas ocasiões, além dos negros, os mulatos, filhos do patrão e de sr. Jorge, o capataz da fazenda.

Com o comércio dos escravos, sr. Jorge faturava e se divertia separando as mães de seus filhos logo ao nascerem.

Dona Lucinda, gananciosa como ele, só intermediava as conversas do capataz e de Jamil.

As oportunidades de escambo eram imensas, a ilegalidade já fazia parte da cultura do brasileiro, que descende de portugueses, holandeses e outros, mas carrega em seu DNA a forma pela qual foi colonizado.

Na manhã de 23 de março de 1845, o capataz, sr. Jorge, chega à Casa Grande sem fôlego, mas eufórico também. Procura imediatamente dona Lucinda. Na cozinha, prestes a contar o que vira na noite anterior, encontra Josefa aquecendo o fogo, ninguém mais.

Ao seu redor, as panelas de barro, a mesa colocada com toalha de linho branco, a louça vinda da China, cristais checos, etc. O leite fervia na leiteira, enquanto a lenha em brasa ardia na solidão da manhã.

Onde estaria sua patroa, sempre tão disposta? Era a primeira a chegar para o café. O aroma matinal passeava pelo seu olfato. O café, o pãozinho e a mandioca preparados especialmente para mim já se encontravam dispostos em cima da mesa.

Sr. Jorge deu um murro na mesa e exigiu a presença de dona Lucinda.

Josefa observou-o calmamente enquanto terminava de retirar a fornada de pães.

– Sr. Jorge, sei que minha situação de escrava não me dá privilégio algum, mas o senhor ainda não se encontra em vantagem. Mesmo que quisesse, não poderia chamá-la.

– Não estou perguntando se pode. Vá chamá-la.

– Dona Lucinda partiu para a cidade preocupada com o patrão que enviou um mensageiro para buscá-la. Parece que não se sentiu bem.

– E a mulher, por que não foi?

– Dona Marieta encontrava-se indisposta também.

– Vejo que terei de resolver o assunto por mim mesmo.

– Em que posso ajudar-lhe?

– Quanta pretensão, uma negrinha insignificante como você não serve para nada. Até mais ver.

Eu me encontrava muito bem disposta naquela manhã, minha sogra havia partido e Jamil tardaria a retornar com ela.

As tochas acesas na floresta não chamaram a atenção de ninguém; graças a Deus havia voltado antes de ser chamada pelo mensageiro.

Rafael advertira-me de que aos poucos os serviçais sentiriam sua falta. Aquela noite foi especial, nada poderia estragar a felicidade de encontrar amor, carinho, desejo e atenção na cama. A gruta próxima ao porto fora testemunha da profunda paixão que brotava de nossas almas.

As cenas retornavam constantemente às minhas lembranças.

Eu caminhava pela orla quando vi Rafael. Meu primeiro impulso foi de fugir, em vez disso corri em sua direção; abraçamo-nos intensamente, o calor aumentava, a respiração era ofegante, entrecortada, misturava-se à intensidade da paixão reavivada.

Conversamos um pouco, relembramos momentos bons enquanto o entardecer desvelava-se ao fundo da paisagem amena.

Decidimos caminhar pela planície quando vimos a antiga gruta.

Protegidos pela noite, somente com a luz do luar envolvendo nossos corpos, entregamo-nos um ao outro. Não podíamos ser identificados, mas o contorno de nossas silhuetas denunciavam a sofreguidão e intensidade dos anos deixados para trás, do tempo perdido...

Não pronunciávamos uma palavra: o ato por si só respondia às dúvidas que, porventura, permanecessem em nossos corações, principalmente no de Rafael, em seu tempo de exílio.

Eu havia sido obrigada a casar-me, mas não costumava reclamar. As aulas para os escravos, a costura e encontros com o finado padre Joaquim me mantinham ocupada.

Após anos de solidão, Rafael deixava que sua alma conduzisse aquele encontro. Quantas noites de desespero, de tristeza, tivera... Imaginar-me nos braços de seu primo revirava-lhe o estômago.

Agora, unidos pela mesma causa, poderíamos, com cuidado, compartilhar alguns momentos juntos. Os negros da Casa Grande recolhiam-se cedo e como Jamil viajava com frequência talvez tivéssemos oportunidades para compartilhar nossos sentimentos.

Eu sonhava com coisas simples, como apoio e interesse às minhas ideias. Eu necessitava observar a natureza, acompanhar o desabrochar das flores, o canto do sabiá, o movimento das folhas das árvores caindo no outono. Sentia a falta da cumplicidade que via em alguns casais.

Sr. Jorge, retido pela ausência de dona Lucinda, não revelou nada a ninguém, seu testemunho ainda serviria para chantagear e ganhar mais terras.

Eu combinara com Rafael algumas medidas de segurança. Naquela noite nos separaríamos, e somente após a festa de Domingo de Ramos poderíamos nos encontrar novamente.

Enquanto isso, o restante dos mantimentos, da pólvora, do querosene e do ouro retirados de Jamil seria armazenado no sótão e no velho barracão de seu pai.

Rafael poderia retirá-los no dia da festa – afinal, todos estariam ocupados.

As visitas chegavam e continuavam a transitar pela propriedade, os mais animados formavam rodas de viola e assistiam aos recitais das donzelas do Vale do Paraíba. O piano e o canto faziam lembrar os tempos áureos de Portugal.

As flâmulas com propagandas de Jamil foram espalhadas por toda a região; dizeres, como alta produtividade nos cafezais, ordem para os escravos e fartura para a elite, foram pendurados na árvores, nos quintais e postos de saúde.

Há muito Jamil não me procurava na cama, isto trazia paz ao meu coração.

Certa noite, Jamil voltou para casa mais cedo, os escravos já haviam se recolhido e eu costurava na varanda, como mamãe costumava fazer.

Seus passos eram apressados, sua respiração ofegante, seus músculos retesados pelo ódio amedrontaram-me. Da varanda, podia pressentir a explosão de sua alma. O que o teria deixado tão revoltado?

Jamil aspirava ao título de Barão de Araruama, pois estava entregue à política para alcançar mais destaque do que seu sogro, meu pai. O que teria se passado naquela noite?

Ouviam-se o barulho e a desordem. Banquetas foram lançadas ao vento, enfeites, pequenas esculturas e até mesmo o retrato do nosso casamento ficou reduzido a pequenos pedaços. Jamil havia bebido muito, não conseguiria contê-lo sozinha, corri para os aposentos de minha sogra e pedi ajuda.

Dona Lucinda empurrou-me e partiu para a sala de jantar. Novamente o mal-estar, as tonturas e dores de cabeça voltavam a me incomodar; minhas regras estavam atrasadas, mas como nunca havia engravidado não me preocupei.

A tontura voltou mais forte e uma menininha apareceu na minha frente. Sua feição era doce, seus cabelos cacheados envoltos por um brilho dourado que emolduravam seu rostinho e seus olhos brilhantes e bem vivos. Ela me chamava "mamãe". Mais uma visão, pensei.

Com a mente ainda entorpecida pela aparição, retornei à sala para averiguar o que se passava.

Chegando à sala, sem ser percebida, ouvi o falatório: o rei havia recusado seu pedido, não lhe concedera o direito de usar o título requisitado.

Seu orgulho foi aumentando com o tempo, ele não estava acostumado a receber negativas, mesmo vindo de tal autoridade.

Dona Lucinda tentava acalmá-lo, lembrando-o de que muitos hóspedes importantes já estavam na Casa Grande, à espera da Festa de Ramos.

Um grande carregamento de escravos havia chegado a Araritaguaba e alguém o denunciara: o escambo era ilegal. Os planos de Jamil de se tornar um nobre teriam que ser postergados e ele não pretendia esperar mais...

Jamil resolveu contrabandear mais escravos para viabilizar as "doações" que haveria de distribuir.

Pela primeira vez em sua vida, a mãe não concordara com um desejo seu.

– Nosso patrimônio é imenso – disse dona Lucinda. Não precisamos correr tantos riscos, contenha-se, meu filho. Aguarde um momento melhor para concretizar seu sonho, você já é um barão.

Meu marido não recebia ordens, muito menos desistiria de seus planos. Valeu-se da posição de "fazendeiro coronel", que cuidava da ordem entre os civis. Participava da Guarda Nacional (milícia formada por cidadãos armados). Providenciou a documentação falsa atestando a entrada de tais escravos anteriormente à proibição da entrada de escravos africanos no país. Com habilidade de um verdadeiro político, persuadiu autoridades, comprovando a necessidade de mais mão de obra.

O país passava por um momento delicado: entre 1821 e 1830 chegavam anualmente 43 mil africanos.

Capítulo VI

Na gruta, envolvidos pelo ar fresco da manhã, Rafael e eu comemorávamos a última vitória sobre os escravagistas. Os melhores advogados do Rio de Janeiro empenharam-se em denunciar o carregamento de escravos. Uma das mucamas avisara-me a data correta do desembarque (passando pela sala, ouvira Jamil comentando a data com sua mãe) e com isso a apreensão da carga ficou mais fácil.

Josefa vinha pedindo um pouco de descanso a dona Lucinda. O trabalho dos últimos meses fora pesado, muitos convidados entravam e saíam da Casa Grande, vinham para apreciar a decoração e a nova aquisição de Jamil: uma mesa de madeira com 18 lugares.

Jamil e sua mãe demonstravam enorme desenvoltura para lidar com a sociedade, além do mais ele mantinha íntimo contato com as filhas dos fazendeiros ricos.

Entrando na cozinha, percebi um certo desconforto. Algumas auxiliares de Josefa rodeavam-na comprimindo panos no machucado, tentando estancar o sangue que jorrava sem parar. Corri a seu encontro e notei sua palidez e feição de dor. O que havia acontecido ali?

As mucamas explicaram-me que Josefa pedira para descansar e dona Lucinda, infelizmente, estava pior do que de costume. O facão afiado, próprio para o corte da cana, estava adormecido na pia. Dona Lucinda, descontrolada, com um olhar desgovernado, partiu para cima de Josefa e arrancara-lhe uma falange do dedo mínimo direito.

Minha sogra assustava-me quando levantava as sobrancelhas e sorria, soltava gargalhadas como as de um demônio, chegava a exalar o fedor do enxofre.

Com o tempo, passei a pressentir suas explosões e afastava-me discretamente pedindo paz e amor a Santo Agostinho, de quem padre Joaquim era devoto.

Naquele dia, na cozinha, atrasara-me para o café e não pude contê-la. Desde a apreensão do navio negreiro conduzido por Jamil até a costa brasileira, seus nervos andavam à flor da pele.

Josefa teve de ser afastada da cozinha. Joana encontrava-se na senzala como lhe fora ordenado desde o princípio, mas, com a festa de Domingo de Ramos muito próxima, dona Lucinda fora persuadida por Jamil a chamá-la de volta. Pela primeira vez em nosso casamento Jamil ouvira um pedido meu.

Sr. Jorge continuava a manter segredo sobre o que vira: pensando melhor após o episódio resolvera guardar um trunfo nas mãos.

O novo pároco encontrava-se na cidade e Rafael decidiu sondá-lo.

– Boa-tarde, meu jovem.

– Boa-tarde, padre Bento. Venho por parte de Jamil, meu primo; estamos satisfeitos com sua indicação. O senhor chegou em um bom momento, necessitávamos de uma pessoa para apoiar a conversão dos negros para a religião católica. Meu primo adquire muitos escravos e a política o tem tirado da região inúmeras vezes.

– Venho do Rio de Janeiro para substituição de padre Joaquim, que infelizmente ultrapassou as ordens de Roma.

– Não compreendi.

– Temos informações de que ele protegia os escravos, dando-lhes abrigo, muitas vezes, nos fundos da paróquia.

– Não tenho conhecimento disto. Conheci padre Joaquim e sempre achei sua conduta honesta e fiel ao regime adotado pela Santa Madre Igreja.

– Bem, este já é um assunto encerrado.

– Claro. Vim dar-lhe boas-vindas e apresentar-me. Até logo, padre Bento.

– Até logo, jovem.

Poucos dias restavam para a festa e Jamil, atarantado com a apreensão dos escravos, cancelara compromissos com os fazendeiros para encontrar-se com autoridades no Rio.

Seus capangas acompanhavam-no a toda parte; ele contava com seis homens armados que se escondiam pela mata antecipando sua segurança.

Dona Lucinda andava desconfiada e, desde a chegada de Rafael, acompanhava-me aos compromissos, como encontros de jovens casadas que nada tinham para fazer, a não ser bisbilhotar a vida alheia e tocar piano, atividade que lhes dava destaque. Na colônia portuguesa, os costumes da corte expandiam-se e assim eram imitados. O clima tropical nada se parecia com o clima da Europa, mas os vestidos trazidos da corte eram disputados e os caixeiros viajantes costumavam trazer novidades. Sem a necessidade de trabalhar, os filhos de banqueiros e senhores de engenho aproveitavam para estudar na Europa e lá reciclar seus hábitos. As mulheres, por sua vez, permaneciam na colônia aguardando pretendentes a marido.

Vez por outra, sentia-me na obrigação de participar de alguns encontros e deixar-me acompanhar pela minha sogra para que suspeitas fossem esquecidas.

Rafael mantinha residência fixa em Porto Feliz. A igreja já não era usada como ponto de apoio para os negros fugidos. Os cuidados foram redobrados, a situação dos quilombos era delicada. Os fazendeiros haviam encarregado Jamil de lhes prestar segurança e, com a apreensão dos negros contrabandeados, a vigilância na fazenda Estrela d'Água estava mais rígida.

Resolvemos, Rafael e eu, que não nos encontraríamos até a festa.

Joana voltara para a Casa Grande e isto me consolava um pouco. Sentia falta de atenção, carinho, tranquilidade para leitura, entre outras coisas.

Os filhos que não tive já não eram tão cobrados. Com a perda de meu sogro, logo após o casamento, minha sogra só tinha olhos para o seu filho.

Minhas preocupações com a saúde dos escravos não me deixavam em paz.

A sífilis proliferava. Sr. Jorge abria valas nas laterais do rio e ali jogava os corpos.

Joana preparava garrafadas e Tião as entregava na senzala.

Eu enviava mensagens a Rafael sobre as mudanças de hábitos na senzala, explicava-lhe sobre as doenças e a preocupação de Jamil com a perda de patrimônio. Arranjos foram feitos para impressionar o rei. Os negros receberam autorização para permanecerem juntos com as famílias na senzala. Enviei-lhe um mapa da festa, enfim tentava colocá-lo a par de todas as providências tomadas, cuidando para que nada lhe passasse despercebido. Ah, como os dias demoravam a passar...

Gente de toda parte passava para apreciar as bandeirolas, os tonéis de cerveja, as longas mesas dispostas embaixo dos caramanchões construídos durante meses para proteção de uma eventual mudança de tempo.

As crianças perambulavam ao redor dos enfeites; minhas aulas surtiam mais efeito, estavam mais felizes.

Sr. Jorge havia prometido não se aproximar de meus alunos.

Do meu quarto reparava na lamparina carregada por ele nas noites em que invadia a senzala procurando "carne nova"; meninas ainda pequenas eram abusadas sem dó.

Seus dentes maltratados horrorizavam os moleques; pontas finas saltavam das laterais de sua boca grossa como se fossem de um vampiro. Apesar dos trajes de capataz, sua aparência deixava muito a desejar.

Jamil voltou da capital satisfeito, seus generosos presentes haviam resolvido a situação da apreensão.

Os meus trajes, os de dona Lucinda e de Jamil vieram da França. O título almejado por meu marido merecia tais cuidados.

Sempre que Jamil retornava de uma viagem, eu me lembrava de sua filha com Eunice.

Graças a Rafael, a menina encontrava-se segura, protegida pelas leis da França. Naquele país, poderia trabalhar e usufruir de sua liberdade.

Eunice enviava-me notícias por Tião, que em raras ocasiões conseguia chegar até o quilombo.

Nos quilombos, os alimentos eram escassos e a segurança dependia das mudanças: os negros fugidos viviam como nômades.

Araritaguaba encontrava-se em um local privilegiado – entreposto –, situada em rota estratégica entre polos de interesse econômico. O ouro garimpado pelos escravos de Minas Gerais chegava nos cabelos das escravas que desciam o Rio Tietê nas chalanas. Com isto, podíamos comprar sua liberdade.

Indignava-me com o olhar sofrido dos negros. Joana dizia que a alma se prende ao corpo temporariamente e que logo estaríamos todos juntos em outra dimensão.

Capítulo VII

Rafael especializara-se em Paris, por dois anos frequentara aulas sobre política e ética.

Retornando ao Brasil, trouxe informações sobre comunicações de espíritos, mesas girantes e cestinhas voadoras que despertavam curiosidade na França. Reuniões sociais tornaram-se interessantes por ocasião destas apresentações.

A princípio, Allan Kardec, codificador da Doutrina Espírita, encontrava-se trabalhando em pesquisas direcionadas para a ciência; sua reputação era forte. A correção e seriedade conduziam suas atitudes.

Na França, uma onda de questionamentos espalhava-se como o vento; os modos da burguesia e a força das mudanças políticas reviravam a Europa.

Naquele ano, 1845, as colheitas foram péssimas, agravando a crise que se instalava pouco a pouco. A população rural perdia a capacidade de consumir produtos manufaturados, o que atingia a indústria.

Os intelectuais permaneciam atentos às transformações.

Rafael manteve-se em contato com amigos durante os anos subsequentes. Apesar de seus desejos secretos, ele, o líder dos advogados reunidos em prol da libertação dos escravos, preocupava-se com a dimensão dos problemas na Europa.

Os negros libertos seriam enviados à França e as condições naquele continente eram duvidosas. Apesar disso, ele sabia que as modificações dos trabalhadores rurais e burgueses beneficiariam a integração dos exilados do Brasil.

De alguma maneira, eu acreditava nas colocações de Rafael. Joana vinha me alertando sobre outras vidas e eu mesma recebia algumas provas da influência de outros mundos. Meus sonhos levavam-me a locais distantes. As cores eram vibrantes, a luz era mais intensa do que as conhecidas por nós, o som das músicas envolvia as pessoas que passeavam pelas ruas, praças e bosques. Recordava-me dos detalhes.

Pesadelos perseguiram-me durante a infância: caminhava por lugares úmidos, gelados, escuros. Figuras disformes surgiam de repente, jogavam-me barro, óleo quente, folhas de ervas daninhas. Acordava suando, amedrontada, muito me impressionava com essas visões.

Durante minha adolescência, confidenciei a Rafael minhas premonições. Ouvia vozes e correntes sendo arrastadas.

Dissera a Rafael quanto Joana me apoiara e quão medrosa era minha mãe.

Ao retornar de Paris, Rafael lembrou-se dos meus sonhos, passando a pesquisar mais sobre o assunto dos espíritos.

Quase nada partira da minha imaginação; Joana dizia ter certeza da existência de outros mundos.

Com a festa prestes a acontecer, estávamos bem preparados para a fuga dos escravos durante as comemorações. Eu permanecia atenta.

Conseguimos reunir alguns filhos de fazendeiros simpatizantes de nossa causa. Para isso, terrenos arenosos foram estudados, rios mapeados, lugares de apoio organizados.

Tião comunicava os planos aos escravos de sua confiança.

Eunice era informada por mensageiros; ela sairia do quilombo para encontrar alguns escravos em ponto predeterminado e indicaria o caminho do quilombo.

Distraídos com a escolha do príncipe e de seus acompanhantes, os capangas da fazenda demorariam a dar-se conta do ocorrido.

Sr. Jorge mostrava-se desconfiado e, quanto maior sua proximidade, mais arrepios eu sentia. Percebia algumas insinuações, certo despeito, quando o encontrava.

Apesar da apreensão, mantinha meus hábitos normais. O grande acontecimento desestabilizaria os planos de Jamil e quem sabe poderia eu recuperar a fazenda de meus pais.

Refrescos eram servidos na varanda, enquanto Joana aprontava o almoço.

Dona Lucinda deixou a Casa Grande, solicitando acompanhamento armado.

Não costumava deixar o filho no horário do almoço. Onde iria essa senhora? O que estaria planejando?

Jamil distraía-se com as escravas da casa, distribuía tapinhas e piscadelas. Dava ordens para sr. Jorge.

Os hóspedes aprontavam-se para o almoço, enquanto os criados reuniam as crianças que brincavam nos arredores da casa.

A festa fora promovida por Jamil para agradar a todos, por isso os pequenos foram incluídos na lista de convidados.

Dona Lucinda não aprovara tanta algazarra, mas acabara aceitando. Seu orgulho manifestava-se através das provocações e comentários a meu respeito nas reuniões de família.

Como tivera tempo para avaliar minha sogra, isso pouco me importava. Deixei de valorizar suas intromissões em meu casamento, além do que Jamil nunca me interessara realmente.

Percebendo sua partida repentina, cuidei de aproximar-me dos hóspedes para não dar margem a qualquer imprevisto.

Sr. Jorge continuava no escritório. Com quem dona Lucinda teria ido se encontrar?

Tião conduzira a carruagem dela. Quando ele retornasse à fazenda eu saberia de tudo. Calmamente anunciei o almoço, muitos pratos principais e inúmeras guloseimas foram feitas para compor a sobremesa.

Meu lugar à mesa havia sido remanejado, minha sogra seria a anfitriã. Descendente de portugueses, a família de Jamil seguia o protocolo das regiões abastadas de Portugal.

Rafael custou a chegar, não podia imaginar o que o detivera.

Com a mesa repleta de convidados, um vozerio vinha da varanda. Eu escapava de situações extenuantes, deixava que Jamil liderasse as reuniões sociais. Aquele almoço foi diferente. Querendo ou não, eu era o foco das atenções. Contaminada por assuntos triviais, deixei de atentar a detalhes, como racionalizar o que dizia.

Critiquei o sistema racial, relatei minha revolta e minha determinação em acabar com os maus-tratos com escravos.

O movimento na varanda continuou por algum tempo e eu atribuíra a culpa às escravas que retiravam os aperitivos. Dona Lucinda havia chegado e recolhera-se em seu quarto. Fui informada de que se encontrava indisposta. Esse não era seu comportamento natural, não costumava perder reuniões sociais, principalmente esta. Alguma coisa me dizia que havia algo errado.

Jamil conduziu os convidados para o salão principal, enquanto os licores eram servidos pelas mucamas; sentamo-nos para bebericar e trocar ideias.

Rafael aproximou-se e com um belo galanteio retirou-me do grupo onde me encontrava.

Sua primeira pergunta foi sobre dona Lucinda.

– Por onde anda minha tia?

– Não sei, Rafael, acho que está indisposta, pelo menos foi o que me informaram. Nossos guardas a viram dirigindo-se para a mata. Tiveram receio de segui-la, não sabiam quem mais a acompanhara. Sr. Jorge esteve com Jamil até o horário do almoço. Com quem mais ela teria estado?

– Algo me diz que saberemos em breve.

– Espero estar bem longe, em seus braços, quando encontrarem as senzalas vazias.

– Bem, Marieta, voltemos à roda de conversa para não chamar a atenção.

Subi para o quarto, para descansar após o almoço.

Quando abri a porta, encontrei dona Lucinda com um chicote nas mãos, sentada em nossa cama. Seus olhos eram duas bolas de fogo, seus trajes estavam rasgados e as mucamas haviam sido dispensadas: só nos três estávamos no quarto.

Olhei com o canto dos olhos e percebi que Jamil mudara sua expressão...

Estremeci. Um chicote em meu quarto?

Jamil fez um gesto positivo e sua mãe levantou-se para iniciar as chibatadas. Corri para a porta, a tábua usada como tranca já estava no lugar.

Tentei gritar, mas Jamil advertiu-me de que seus capangas aguardavam suas ordens para chicotear as crianças escravas se me ouvissem.

– Quanto tempo pretendiam esconder isso de nós?

– Não sei do que fala, dona Lucinda.

– Sabe, sim, sua cadela! Encontramos seu esconderijo. Para onde foram as outras remessas roubadas de nossa despensa?

– Marieta, considera-se muito inteligente, não é?

– Continuo sem entender, dona Lucinda.

– Já vai entender.

Chicoteou-me com tanta força que minhas pernas dobraram-se; desmontei, caí ao chão, não contive as lágrimas, mas estava decidida a manter-me calada. Não haviam pronunciado o nome de Rafael, talvez tivessem encontrado somente os mantimentos.

Jamil permanecera impassível. Dona Lucinda tomara conta da situação. Não puderam fazer mais nada, a festa seria no dia seguinte e a casa estava cheia.

Resolveram, então, deixar-me trancada no quarto até a hora do jantar, quando Jamil enviaria uma mucama que ajudaria a me vestir.

O corte foi profundo, aproveitei a água da jarra do quarto para limpar o ferimento, colocando uma tipoia para estancar o sangue. Chorei desesperada, sem saber o que acontecia lá fora.

Preocupei-me com Rafael: até que ponto eles sabiam sobre nós? Como avisá-lo?

Dona Lucinda não me revelara como havia descoberto meu esconderijo, nem quem a levara até lá.

Jamil parecia controlado por uma força maior. Com os dentes retesados, braços cruzados, manteve-se apreciando minha surra com o olhar tenso e distante.

Tive muito medo. Ao lembrar-me daquele olhar distante, um arrepio percorreu de cima a baixo o meu corpo. Na iminência da dor, senti uma mão amiga a puxar-me e levar-me em pensamento a um vilarejo. Deixei de sentir a dor da surra, acho que perdi os sentidos, não sei como isso aconteceu. Comecei a ver imagens de crianças brincando em um pátio fechado, onde um grupo bebia cerveja. Tive a impressão de reconhecer algumas pessoas.

Eu estava com as roupas rasgadas, um pano grosseiro envolvia-me. Não sei como pude saber que aquela mulher era eu, estava diferente, como se eu ocupasse outro corpo.

Em alguns segundos, reconheci Rafael conversando com Jamil, pareciam bons amigos. Nenhum deles se importava comigo. Eu comia restos de pão que caíam ao chão, tratavam-me como um animal.

A mulher que conversava com eles parecia ser minha mãe, só que ela também tinha outro corpo.

Demorei a perceber que estava em um prostíbulo e as crianças eram filhas das mulheres da vida.

Aproximei-me da imagem que se formava e descobri que eu, aquela moça, estava sendo negociada.

Os dois homens ofereciam prata à dona da casa. Parecia estar em época medieval, não sei bem dizer onde. Eles se vestiam como párocos, as imagens eram turvas; a Igreja parecia possuir grande poder. Terras também eram oferecidas. Uma disputa, uma discussão estabelecera-se. Quem daria mais, qual dos dois apossados por sentimentos menores ganharia a moça?

Coléricos, irascíveis, tinham o dever de levar a moça à igreja para que esta demonstrasse a solidez da instituição. As maiores virtudes, caridade e compaixão, estariam vivas com sua presença. Durante os cultos ela ficaria à vista dos cristãos. Seria bem cuidada, alimentada corretamente, receberia roupas novas e, principalmente, educação religiosa.

A impressão que tive ao presenciar aquela cena era de que os dois padres, apesar da presença amistosa, lutavam por uma mesma mulher. Aquela moça, eu no caso, era um dos pontos de divergência entre eles.

Quando minha consciência retornou ao quarto da fazenda, percebi a dor dos ferimentos; a consciência demorou a adaptar-se à realidade daquele momento. Os móveis estavam revirados, mas um tom azulado envolvia todo o ambiente. A mobília brilhava e através da cortina os raios de sol brilhavam como feixes de luz. Senti enjoo, minha cabeça latejava e um triste vazio envolveu meu coração.

Pedi a Jesus que me protegesse, orei para Santo Agostinho e para os orixás do Candomblé, como Joana me ensinara.

Capítulo VII

Passei o restante da tarde dormindo, estava exausta.

Jamil apareceu no final do dia com uma escrava que eu não conhecia. Deu-lhe ordens para acompanhar-me e auxiliar-me com meu penteado e vestido.

Não nos olhamos, ele deixou o quarto rapidamente, comunicando à escrava o horário do jantar.

O som dos vestidos esbarrando nas escadas, o ruído dos sapatos dos hóspedes fizeram-me entender que Jamil logo chegaria para acompanhar-me até o recital. Mais uma vez senti vertigens, meu coração disparou, sabia que Rafael estaria lá embaixo.

A perna machucada estava protegida pelo vestido, ninguém desconfiaria da surra. Jamil, percebendo que eu mancava um pouco, explicou aos convidados que me desequilibrara ao sair do banho, mas nada de grave acontecera.

Os convivas apreciavam a apresentação de piano, quando Rafael aproximou-se de uma escrava e pediu-lhe que me entregasse um bilhete discretamente. Nossos corações batiam no mesmo compasso, eu podia senti-lo, quase ouvia seus pensamentos.

Estávamos os três, dona Lucinda, Jamil e eu, sentados juntos.

Já não podia mais suportar o odor daquela mulher; desde que nos conhecemos, sentia uma repulsa, asco, quando a via.

Pensei muitas vezes que a conhecera anteriormente, o mal-estar que sentia ao encontrá-la era algo antigo.

Há tempos não sonhava, aprendi a sobreviver.

Inúmeras vezes tentei conversar com Jamil, no fundo sentia um certo carinho por ele. Não sei bem dizer qual foi o dia em que encontrei o ódio em meu coração: acho que a vida conduziu-me para este ponto. Eu era uma menina inteligente, rápida, conseguia perceber uma discussão a distância.

Qual teria sido meu destino se tivesse fugido com Rafael?

Na sala, encontrava-me tão dispersa, tão temerosa, não percebia os sorrisos de meu marido para a senhora que se acomodara a seu lado.

Acabada a cerimônia, Jamil fizera um discurso e os convidados passaram para a sala de jantar.

Em uma ponta da mesa, sentei-me. Ao lado de Jamil que se sentara na outra ponta, minha sogra.

Rafael conversava com um dos convidados quando Jamil levantou-se, fez um tilintar no copo e anunciou a partida de Rafael para o Rio de Janeiro. Disse sentir muito a sua falta, mas seu dever como advogado o chamara para a capital.

Rafael assustou-se, mas percebeu que algo corria mal.

Fizemos um brinde de despedida e breve retorno. Minhas mãos gelaram, meu corpo machucado já não doía, minha alma estava em pedaços.

Dona Lucinda tinha em seus rosto uma expressão de contentamento.

Jamil continuou como se nada tivesse acontecido.

Os hóspedes já haviam se recolhido e o último casal se despedia, quando Jamil apertou meu braço com muita força e me empurrou até o escritório.

Rafael, sentado em uma cadeira, aguardava-nos. Não pude conter as lágrimas que corriam como água da chuva, lavando minha alma.

Tião chegou logo depois, acompanhado de minha sogra. Os capangas de Jamil aguardavam do lado de fora.

Os escravos da casa já haviam se recolhido.

Dona Lucinda retirou do peito um de meus bilhetes dirigidos a Rafael. O conteúdo do bilhete era o que menos contava. Sabíamos que Tião havia nos traído.

Sabiam de tudo?

Não houve palavras, o chicote de dona Lucinda atingiu meu rosto, e logo meu peito.

As chicotadas machucavam meu corpo, mas o pior foi minha alma que chorava em silêncio.

Rafael, nessa altura, estava amarrado na cadeira com dois homens robustos ao seu lado.

Não pude olhar para ele, parecia estar em um estado de torpor. Nada mais ouvia, nem sentia.

O tronco estava preparado, a noite foi longa, fria, escura... Meu vestido estava destruído, o frio regelava meus ossos; sentia sede, mas nada se comparava à perda de Rafael.

Sabia que meu marido obrigara-o a partir. Sei que seu desejo era matá-lo, mas seu pai servia Jamil e os interesses materiais falaram mais alto. Sua honra não fora manchada, afinal ninguém soube o que se passara naquela noite.

Capítulo VIII

A manhã estava clara, o céu aberto. O início das comemorações estava marcado para as 10 horas.

Quando o primeiro raio de sol apareceu fui retirada do tronco, jogada na senzala e lá permaneci por vários dias. Não tinha ideia do que acontecera com os negros. Os amigos de Rafael, por certo, foram avisados.

Sabíamos que o plano era ousado, por isso ficou combinado que, se não déssemos o sinal, alguma coisa havia acontecido e tudo seria prorrogado.

Até então não tinha certeza do que minha sogra descobrira. Desde a tarde do Domingo de Ramos não recebi alimento, apenas bebia água. Acorrentada, sem ânimo, minhas forças esvaíam-se. De qualquer maneira, eu teria de aguentar, meus brios estavam abalados. O que dona Lucinda teria preparado para mim?

Joana fora proibida de aproximar-se da senzala. Rafael sabia o que me acontecera e por certo não deixaria de me amparar.

Com os olhos cerrados na escuridão de minha alma, sentia estar próximo o fim de meu suplício – não sei como pude pensar nisso.

Fora da senzala, o movimento aumentara. Não sabia se Jamil teria contratado novos capangas, nem mesmo sabia se todas as autoridades haviam comparecido à festa.

O inverno rígido daquele ano transpassava meu corpo. Pensava em minhas crianças, nos meus protegidos, em tudo que havia passado.

Tive de suportar humilhações, enganos, torturas morais, enfim minha vida transformara-se em um inferno.

Por longo período, culpei Deus pelas minhas desgraças. Em vários momentos pensara ter morrido. Sentia-me naqueles lugares horrendos de meus sonhos. Meu raciocínio falhava.

Vários dias se passaram, até que Jamil apareceu na senzala.

Descontrolada, comecei a gritar por socorro. De nada adiantou, ninguém apareceu.

Jamil entrou com a chibata nas mãos. Com o braço esquerdo, levantou-me, apoderou-se de meu corpo e fui estuprada. Sua imagem estava transformada, eu enxergava um monstro com orelhas compridas, pele de lobo e dentes arreganhados.

Desmaiei e acordei em minha cama na Casa Grande.

Joana cuidava de mim. A princípio minhas ideias estavam desordenadas e pensei estar sonhando.

Joana me preparava chás calmantes, sopas enriquecidas com mocotó, enquanto um de meus braços continuava acorrentado na cabeceira da cama. Nos primeiros dias não pudemos conversar, havia muita vigilância e eu não conseguia distingui-la muito bem.

As visões da infância intensificaram-se e via a meu lado um caboclo velho, com seu cachimbo. Ele me acompanhou também na senzala; dizia ele através do pensamento. Comunicava-se comigo, mas eu não entendia muito bem como.

"É um espírito de luz", explicava-me Joana.

Não podia ser visto por outras pessoas, somente Joana e eu o identificávamos. Com o tempo, Joana explicou-me que guardiões desencarnados permaneciam na porta de meu quarto e que Sebastião, espírito ligado a mim desde outras épocas, se prontificara a me acompanhar naquela existência.

Joana sempre me disse que temos espíritos que agem como intermediários de Deus. Eles são amigos, irmãos, amores de épocas passadas que pertencem à mesma família espiritual e revezam-se entre as encarnações. Ora estamos encarnados, ora são eles que encarnam, assim nunca estamos sós ou abandonados.

Minha ligação com Rafael era antiga, dizia Joana. Eu demorei a aceitar algumas revelações feitas por ela, que era uma intérprete dos espíritos. Por intermédio dela os protetores desencarnados podiam enviar-nos conselhos, auxílio e amor. Naqueles dias eu havia me revoltado e nada fazia sentido em minha vida. Rafael distanciara-se, os escravos continuavam sob as ordens de Jamil e dona Lucinda passeava pelo jardim despreocupada.

Os guias de Joana diziam-lhe que eu ficaria boa.

Por muitas vezes, delirei chamando por Rafael. Por sorte minha voz estava tão fraca que não puderam identificar o que eu falava.

Pouco a pouco eu ia compreendendo as frases de Joana. Não sabia por que Jamil havia me retirado da senzala, nem mesmo como Joana conseguira permissão para cuidar de mim.

Dia após dia, tentava compreender por que Tião havia nos traído. Sabia que ele fora o delator.

Constantemente retornava àquela época, onde vira meu marido e Rafael conversando. A impressão que me dava era de que eu era uma peça da decoração: essa foi a sensação que tive quando retornara em pensamento àqueles dias em que os dois, Rafael e Jamil, compartilhavam meu corpo. Aquelas imagens me faziam mal. Não podia permanecer ali, em pensamento, por muito tempo. Sentia-me aborrecida, enojada, terrível.

Sebastião estava nas imagens, mas mantinha-se a certa distância, parecia ser um observador ou, talvez, um guardador. As cenas modificavam-se. Ora eu estava na cama com Rafael, ora com Jamil. Ambos possuíam outros nomes; outros corpos lhes foram entregues por Deus, mas eu tinha a certeza de que eram eles, reconhecia seus espíritos. Estávamos, os três, encarnados no mesmo povoado.

Em minhas visões não conseguia mais ver minha mãe na época medieval, sabia que éramos muito pobres e eu trabalhava na casa do homem cujo nome não compreendia.

As estradas eram áridas, os arbustos estavam secos, as plantações não vingavam. O povoado era pequeno, somente duas famílias possuíam posses e, pelo que pude perceber, Jamil e Rafael pertenciam a elas.

Minhas mãos trêmulas, a respiração entrecortada e o peito apertado era o que eu sentia quando retornava dessas visões.

Joana aconselhava-me, pedia que eu me desligasse dessas imagens... mas eu retornava inconscientemente, minha mente pregava-me peças. A quantidade de piolhos, pulgas e ratos existentes na senzala por causa da falta de asseio, com a queda de resistência do meu organismo, fizeram com que eu adquirisse tifo. Esta doença, proveniente da África, era uma dentre tantas outras trazidas pelos escravos que eram submetidos a maus-tratos durante o translado para o Brasil.

A febre alta, alucinações, dores de cabeça, vômitos causaram-me um enorme mal-estar, e eu definhava pouco a pouco. Não sei como fora transferida para o meu quarto na Casa Grande novamente.

A primavera surgia ingenuamente, as flores das flamboaiãs cresciam timidamente. De minha cama, enxergava o antigo roseiral de mamãe. Dona Lucinda não havia aparecido em meu quarto. Eu estranhava aquela calmaria, Joana pedia que não me preocupasse com nada.

Quando perguntava por Rafael, ela se esquivava.

Na senzala, sr. Jorge continuava a separar crianças das mães. Jamil dava-lhe pequenos prêmios, bebês recém-nascidos. Sr. Jorge vendia-os clandestinamente, com isso fazia seu pé-de-meia.

Do meu quarto podia ouvir conversas na varanda. Jamil continuava a encontrar-se com os fazendeiros da região regularmente. Meses se passaram até que pude me levantar novamente.

Minhas regras continuavam por vir. Eu sentia algumas mudanças em meu corpo, mas não me alarmavam. Por obra de Deus, recuperei-me do tifo, mas havia sido advertida que sequelas poderiam me acompanhar pelo resto de minha vida.

Joana amparou-me como uma mãe, seu zelo e seu carinho foram imprescindíveis para minha recuperação.

Do alto da escada, vi Jamil recostado nos seios de Luiza, vinte e poucos anos de idade, e dedicada a destruir a vida alheia, esse era seu perfil.

Não consegui explicações de Joana sobre minha libertação da senzala.

Qual não foi o meu espanto, quando compreendi que Jamil resolvera me poupar porque os documentos da fazenda encontravam-se em meu nome e Rafael obrigara-o a me libertar, caso contrário, tudo seria entregue às autoridades da época.

Jamil havia falsificado a assinatura de meu pai, aproveitando a folha que ele assinara momentos antes de sua morte.

Joana fora designada a cuidar de mim por exigência de Rafael. A documentação estava bem guardada, por esse motivo ele corria risco de vida.

Rafael sabia que Jamil tentaria torturá-lo até que lhe contasse onde mantinha os documentos.

Com a proteção de amigos do Rio de Janeiro, ele voltara a Porto Feliz.

Luiza preparava-se para assumir o meu lugar, minha morte fora anunciada por diversas ocasiões. Eles tinham certeza de que eu não resistiria...

Em minha casa, fartavam-se com jogos promíscuos, festas, arranjos sociais. Luiza era uma alpinista social, parecia ter o mesmo caráter de meu marido, por isso se identificavam tanto.

Ao encontrá-los juntos administrando minha propriedade, tive vontade de matá-los.

Meus seios doíam, estavam mais pesados. Minha cintura alargara-se e ao aproximar-me dos dois tive um súbito desmaio.

Joana encontrou-me no chão. Eu havia levantado da cama, desobedecendo seus conselhos.

Acordei sem forças, passei vários dias aguardando explicações de Joana, acho que ela não tinha coragem de me dizer que eu estava esperando um filho... Suas preocupações eram infundadas, eu já sabia que Rafael era o pai da criança, pois no instante da concepção senti os nossos corpos unidos envoltos em uma luz celestial. Aquele fora um sinal de Deus. O amor que nos unia era puro, genuíno e irrepreensível.

Joana era a única a saber de nossos encontros. Deus havia me presenteado com uma criança, mas não podia concebê-la. O que significava aquela gravidez?

Teríamos nos deixado levar pelo desejo de coroar nosso encontro com o bem mais valioso que o homem pode ter?

Perguntei-me, meditei, avaliei, envolvi-me com meus sentimentos mais profundos e ainda assim não conseguia compreender o porquê de tamanha provação.

Por certo havia uma explicação para tanto sofrimento... Existiriam mesmo vidas pregressas? Teríamos errado tanto, a ponto de ter de passar por tal sacrifício?

O que nos aguardava? Qual seria nosso futuro?

Um turbilhão de questionamentos inundava minha alma, as palavras doces de Joana não serviriam de consolo para o que eu passaria em seguida.

A doença deixara-me muito fraca e Rafael não se contentaria em deixar seu filho sob os cuidados daquela família desprezível.

Tentei me convencer de que Jamil não descobriria, pois havia me possuído por uma única noite; fui praticamente violentada.

Aos meus olhos, ele queria provar a si mesmo que me teria a qualquer momento, mesmo que fosse à força. Na senzala, enfraquecida, sem forças para resistir, não pude fazer nada contra aquele ato vil.

Joana segurava minhas mãos quando abortei.

Minha fraqueza reforçara a decisão de Joana de me dar o chá que provocou meu aborto.

Ninguém podia saber daquilo, por isso tomei-o na madrugada de 19 de julho de 1846. Esta data ficou marcada para sempre em meu coração.

Sofri mais com esta perda do que com a surra que levei de minha sogra. As cólicas eram intensas, contorcia-me pedindo perdão a Deus e a Rafael, que não pode me apoiar; nem sequer soube o que acontecera naquela noite. Lágrimas rolavam pelo meu rosto, pareciam espadas pontiagudas a entrar em meus poros, e a chama das velas acesas ao meu redor pareciam fracos pontos de luz. O cheiro da vela queimada, o odor do sangue escorrendo entre minhas pernas misturavam-se. Meus sentidos estavam se perdendo, minhas forças esvaíam-se.

Ao acordar, encontrei Joana debruçada sobre mim. Suas orações surtiram efeito, retornei daquele túnel escuro no qual permaneci por tempo indeterminado.

Capítulo IX

Jamil continuava a receber Luiza em nossa casa. Ela tinha obsessão pelo que eu fazia desde pequena, tenho certeza de que não estava ali só por causa de Jamil, mas também para me enfrentar.

Seu pai trabalhara para meu pai como contador e vez por outra a família vinha até a fazenda. A princípio, Luiza, que era cinco anos mais nova do que eu, mantinha-se ao lado da mãe. Com o tempo ficou mais confiante, permanecia em meu quarto observando minhas caixas de música com bailarinas dançantes, organizava meus vestidos, acompanhava-me às aulas de piano, sempre com um olhar distante, distraído... Algo me intrigava em seus olhos.

Mais tarde, percebi claramente a sua inveja, faria tudo para estar no meu lugar. Tinha obsessão por mim.

Durante sua adolescência, seu pai fora chamado a trabalhar na Bahia, representando a Coroa. Os navios carregados de escravos vindos da Europa deveriam ter o olhar de uma pessoa de confiança. O pai de Jamil, que já participava de nosso círculo familiar, colocou-o nesse cargo.

Eu não sabia que os dois mantinham contato. Luiza e Jamil pareciam compartilhar a mesma cama há longo tempo. Jamil a conhecia mais intimamente desde a adolescência. Acho que quando ele se casou comigo já era apaixonado por ela.

Na verdade, eu era ingênua e segui para o altar tentando contentar a vontade de meus pais. Perdi muito com a minha obediência cega – não que eu fosse aquela pessoa que fazia todos os gostos dos outros, pelo menos era isso que pensava.

Enganei-me, fiz inconscientemente o que eles queriam e não o que eu desejava.

Pensando bem, será que os valores da época permitiriam que uma mulher abrisse novas portas ou encontrasse novos caminhos?

Passei a pensar que Jamil sempre quis se casar com Luiza. Ele também fora atropelado pelos costumes e valores transferidos por sua família. Acho mesmo que ele não teve chance de se revoltar com os desígnios dos pais.

Desde criança, sorvera o exemplo e as ordens da mãe.

Na fazenda, o clima era hostil. Os escravos revoltavam-se com frequência, o pelourinho funcionava a todo momento, a produtividade caía.

Em meu quarto, passava o dia. Não sabia como Jamil me mantinha viva. Rafael guardava os documentos como se fossem sua maior relíquia.

Padre Bento passou a frequentar a fazenda, não se parecia em nada com padre Joaquim. Com as mudanças executadas na paróquia de Araritaguaba, os pobres já não podiam contar com o abrigo atrás da igreja.

Jamil controlava tudo o que deveria ser feito. As obras de caridade da igreja eram executadas na teoria, porque, na prática, as quantias de ouro doadas pelas famílias abastadas eram divididas entre Jamil e padre Bento.

Sabia que meu marido não tinha um bom caráter, mas presenciei muitas barbaridades e a cada nova descoberta perdia minha juventude.

Quando perdi meu filho, um golpe de espada atravessou meu corpo e Rafael não soube pelo que eu passei.

A festa de Domingo de Ramos não teve o sucesso esperado por Jamil, a realeza não compareceu e a tão cobiçada honraria não lhe foi concedida. Jamil não seria Visconde. De acordo com o rei, as circunstâncias nas quais a Colônia se encontrava não eram favoráveis a tais concessões. Os entraves políticos entre a Coroa e a colônia influenciaram nessa decisão.

Capítulo IX

Luiza compartilhava das mesmas ideias de minha sogra e eu nada fazia para amenizar a dor que envolvia minha existência.

Entrei em um túnel sem luz, os dias eram como a noite para mim. As esperanças esvaíam-se, não tinha mais vontade de viver.

Joana tratou de conseguir uma maneira de trazer Rafael até mim.

Muitas festas eram organizadas naquela época. A sociedade, habituada a compartilhar elegância e prazer, fazia dos dias festas intermináveis.

Luiza sonhava com a ascensão social e Jamil tentava disfarçar seu romance, preocupava-se com a sua imagem diante da sociedade.

Aquela mulher era persuasiva e o convenceu a levá-la a um sarau. Minha sogra sentiu-se insegura e levou sua dama de companhia com ela.

Esta era a ocasião perfeita para o nosso encontro. Eu nada sabia. Joana tinha receio, algo poderia dar errado, mas resolveu arriscar, sentia que estava me perdendo.

Quando senti a presença de Rafael ao meu lado, voltei à vida momentaneamente. Rafael entrara disfarçado, por isso não fora reconhecido por ninguém.

Pedi-lhe explicações, enquanto nos mantínhamos abraçados: seu corpo parecia curar minha dor. O calor de sua pele, o cheiro do meu companheiro, trazia-me de volta ao mundo.

O encontro deveria ser rápido, pois os riscos eram enormes. Eu chorava, sorria, debruçava-me em seu colo, tentava matar as saudades contidas em meu peito.

Tentei argumentar sobre o nosso futuro e ele mal me respondeu:

– Esta foi somente a primeira batalha, muitas ainda virão.

Sentia seu corpo trêmulo junto ao meu, sabia quanto era difícil para ele me deixar naquela casa com Jamil.

– Nossos abraços e beijos serão constantes em nossas vidas, logo teremos a filha que tanto desejamos – disse Rafael. Ele tentava me consolar de qualquer forma.

Nesse instante chorei compulsivamente, ele nem podia imaginar pelo que eu havia passado há pouco.

Seus olhos indignados, sua promessa de amor me envolveram tão ternamente, que os soluços compulsivos foram uma surpresa para ele.

Eu tinha pouco tempo, mas resolvi contar-lhe em poucas palavras sobre o aborto.

Rafael deixou-se cair na poltrona da biblioteca, onde nos encontrávamos a portas fechadas.

– Oh! minha amada, quanto sofrimento eu trouxe para sua vida. Como pude sentenciar nossa filha à morte. Isto não podia ter acontecido!

– Meu amor, não se culpe. Ambos fomos imprudentes e dentro da situação atual nada poderia ser diferente. Eu estou bem agora, principalmente porque estamos aqui juntos, sua presença traz esperança para a minha existência. Devemos ser rápidos, não nos deixemos levar somente pelas emoções, deixemos que o amor e respeito aos escravos renovem nosso espírito.

Jamil não sentira minha falta, pois se distraía com Luiza.

No caminho de volta à recepção, senti-me dominada por uma sensação de horror novamente.

Um gosto amargo veio à minha boca, o estômago revirava e eu retornava à cena onde relembrava o compartilhamento de meu corpo em existência pregressa.

Joana, que havia deixado a fazenda Estrela d'Água para me auxiliar, resgatou-me quando estava na iminência de desfalecer novamente. Minha mente insistia em retornar a cenas dolorosas.

Torturei-me tentando compreender o que vi, mas Joana insistia em me explicar que algumas imagens permanecem guardadas no arquivo mental dos homens para que estes possam superar traumas por meio de novas oportunidades. Aquele teria sido um dos enganos cometidos por Jamil e Rafael, além disso não se sabe exatamente quando se iniciam os carmas.

O espírito é imortal e só agora temos reconhecido certas revelações do Alto.

Os constantes enganos nos são cobrados por meio da experiência da reencarnação.

No quilombo, a movimentação era intensa. Mensagens enviadas ao responsável pela organização do lugar esclareciam que haviam sido delatados. Tião estivera lá várias vezes. Dona Lucinda já sabia de sua existência e em pouco tempo tudo poderia ir pelos ares.

Durante minha reclusão na senzala, Rafael e seus amigos providenciaram transporte para a mudança. Outro local fora escolhido, a vida de muitas pessoas estava em risco.

Rafael enviava mensagens para seus companheiros. Os detalhes da localização não foram revelados a ele para que sua vida fosse preservada, no caso de qualquer tentativa de tortura.

Na Inglaterra, a revolução industrial passou a influenciar países que se encontravam em desenvolvimento.

O fortalecimento da burguesia na França vinha promovendo mudanças. Os políticos ainda estavam perdidos, mas a população dava sinais de desenvolvimento. A abolição da escravatura viabilizou o crescimento da burguesia e com isso as classes privilegiadas retraíam-se. Pouco a pouco, a revolução industrial tomava forma.

O futuro desenvolvimento francês impulsionaria outras capitais europeias, e assim as mudanças sociais criariam raízes.

Na colônia portuguesa o ambiente divergia, a realeza era muito valorizada, elos com os costumes portugueses eram fortes. Com a vinda do reinado para o Brasil, os assuntos humanitários foram relegados. A minoria abastada, formada por filhos de fazendeiros, mestres da arte, políticos e advogados liberais, já sofria a influência das ideias europeias.

Manifestações religiosas e políticas eram reprimidas, a sociedade brasileira apoiava-se nas normas da Igreja Católica, que tinha em seus representantes a figura máxima de lealdade, amor e humanitarismo.

Ligações como as de Jamil prosperavam pois ele era um exemplo vivo desse sistema.

Capítulo X

Dentro da Casa Grande, o ambiente era pesado, triste, sem vida.

As festas foram adiadas. Desde a desastrosa festa de Domingo de Ramos, na qual os convivas participaram das apresentações mas não renderam o que Jamil pretendia, as ordens eram: recolher-se cedo, apagar lamparinas e trancar senzalas ao alvorecer. As cerimônias em homenagem aos orixás dos negros foram suspensas e as aulas proibidas.

Nenhuma explicação lhes foi dada; os negros não entendiam o que acontecera, além de suspeitarem do meu desaparecimento.

As regras da fazenda não foram flexibilizadas até dona Lucinda perceber as mudanças nas atitudes do filho. Ele passava as tardes no quarto com Luiza. Ao amanhecer dava longas cavalgadas, abandonando o controle da fazenda para sr. Jorge.

As coisas não iam bem. Jamil deixou de consultar dona Lucinda e tomava providências a portas fechadas no seu escritório, enquanto Luiza dormia. Na parte da manhã verificava as contas, recebia o pagamento pela patrulha feita nas propriedades próximas e atendia padre Bento para verificar os lucros proporcionados pelas polpudas doações dos abastados da região.

Grandes lucros eles tiveram com o comércio ilegal de escravos, mas com a influência de Luiza não sobrava tempo para coordenar tais ilegalidades. Luiza exercia verdadeiro fascínio sobre Jamil.

"Tive tanto trabalho para afastá-lo de Marieta e agora esta meretriz se intromete no meu caminho", pensava dona Lucinda.

"Não pude acabar com minha nora, as terras estão em seu nome e, se precisarmos de sua assinatura, deve estar viva. São mesmo incompetentes esses dois, não tive um só neto nesta vida. Como poderei deixar o nome da família perdido?"

"Já Luiza não tem nada a oferecer e seu desaparecimento não seria notado por mais ninguém, além de seu pai. Corremos o risco de perder a nossa fortuna e meu filho me agradecerá se eu der um jeito nessa aparvalhada. No futuro nem se lembrará de quem foi ela. O sofrimento me persegue há tantos anos, desde que nasci a sorte me deu as costas. Não tenho mais ninguém nesta vida, meu filho é meu único companheiro..."

Dona Lucinda repetia frases soltas pelos corredores da Casa Grande, as mucamas sentiam o ódio e o rancor nos ambientes, os escravos conheciam seu temperamento e podiam pressentir sua fúria.

Com o passar dos dias as ordens de minha sogra foram tomando corpo, Jamil deixara de controlar o engenho, a produção do café e as plantações.

Meu estado ainda inspirava cuidados, por isso mal saía do quarto.

Luiza era jovem, ambiciosa e percebia as manobras executadas por dona Lucinda para acompanhar as contas da fazenda.

"Como conseguir os livros da contabilidade, como encontrar uma maneira de transferir a posse dos bens para ela", pensava Luiza.

Na cama, Jamil se transformava em um carneirinho e Luiza conseguia muitas informações sobre a fortuna da família.

Seu pai era o contador de Jamil, ela só precisaria falsificar as documentações com o seu auxílio. Como convencê-lo, sempre tão fiel...

Sua permanência na fazenda era justificada pela minha fraqueza, estaria vigiando minha saúde.

Aparentemente, tudo corria bem nas fazendas Estrela d'Água e Engenho Doce.

– Por onde andou, Jamil?

– Estive passeando pelas senzalas, minha mãe. Por quê?

– Esta manhã, procurei-o para esclarecer certas dúvidas referentes à distribuição das nossas rendas.

– E Luiza, já acordou?

– Penso que não, a noite deve ter sido cansativa, pois já passam das 2 horas da tarde. Dei ordens às mucamas para não incomodá-la.

– Vou subir, chamá-la para que coma alguma coisa.

Na varanda, minha sogra descansava recostada em sua cadeira de balanço, quando ouviu Jamil aos berros chamando por dr. Arthur. O médico só fora requisitado em momentos muitos difíceis para a família, como a morte de meu sogro. As ervas de cura que Joana preparava tinham grande efeito nas doenças corriqueiras; mesmo no tempo em que permanecera na senzala, era chamada à Casa Grande para nos atender.

Do quarto eu podia perceber o alvoroço, Joana deixou de trazer meu chá e os escravos corriam, subindo e descendo as escadas.

Jamil perdera o controle, dona Lucinda correu ao seu encontro e soube que Luiza estava desacordada, quase sem respiração.

Jamil recorreu ao éter, chamou Joana para aplicar-lhe alguns unguentos e até mesmo utilizar-se de sua reza.

As portas da fazenda Estrela d'Água foram fechadas.

Enquanto as venezianas terminavam de retirar a luz dos ambientes, Jamil apoiava-se nos joelhos.

Dr. Arthur não tardou a chegar, estava nas redondezas. Mesmo assim, não pôde fazer mais nada por Luiza, que dera o último suspiro poucos segundos antes: ela acabara de ter uma parada respiratória. A coloração azulada de sua pele, o colar negro ao redor do pescoço e os olhos esbugalhados refletiam grande dor, como se algo a tivesse paralisado. Uma bandeja com uma xícara de chá ao lado deixava transparecer que já não se sentia bem. Alguém da casa teria sido chamado para auxiliá-la.

Os escravos foram colocados no pelourinho para confessar a negligência, Jamil não fora avisado de nada, muito menos sua mãe.

Jamil havia se afastado por poucas horas, enquanto Luiza dormia tranquilamente. Nas primeiras horas da manhã, despediram-se com um beijo e ela voltara a dormir.

Dona Lucinda, chocada com a situação, teve um breve desfalecimento. O filho não prestara a mínima atenção, só conseguia enxergar Luiza. Seus delicados traços estavam transformados, seu rosto delgado destorcido, o inchaço nos pés e nas mãos eram assustadores.

Luiza morrera em seus braços... Por breves instantes Jamil tentou escapar da dura realidade. O amor de Luiza preenchia sua eterna solidão. Apesar de sua aparência hostil e fria, Jamil encontrara em Luiza a felicidade.

Eu não o incomodava mais; seu quarto permanecia fechado, poucas vezes saía da cama e a sociedade havia acreditado na desculpa da queda do cavalo.

Luiza contentava-se com a sua companhia. A derrota política não o incomodava mais. Perante a sociedade continuava casado comigo.

E, agora, o que faria? Nunca se importara com alguém dessa forma.

– Dr. Arthur, quero que verifique os motivos dessa morte. Não me contentarei com explicações vagas – replicou Jamil.

O médico, que já tinha suas suspeitas, concordou com o pedido.

No vilarejo, a notícia da morte da filha do contador fora divulgada de boca em boca.

Luiza não tinha parentes em Araratiguaba. Sua madrinha, melhor amiga de sua mãe, acompanhou Luiza quando resolveu deixar sr. Almeida na Bahia e voltar para reencontrar-se com Jamil.

Na fazenda, Jamil deixara-se despencar em uma poltrona. Permanecia inerte, com os olhos vidrados. Eu nunca lhe proporcionara o amor que viveu com Luiza.

Jamil não tinha direito algum sobre o corpo de Luiza, não poderia enterrá-lo na fazenda, tampouco render-lhe homenagens de viúvo.

O que sr. Almeida pensaria? Surgiriam suspeitas a seu respeito. Como enfrentar o pai de seu grande amor?

Os escravos da casa corriam para preparar o velório, quando bateu à porta a madrinha de Luiza.

A pobre senhora estava desorientada; sua melhor amiga, em seu leito de morte, recomendara que cuidasse de Luiza e havia se descuidado. Com movimentos automáticos subira as escadas, seus passos eram vacilantes, as lágrimas rolavam e sua visão estava turva. Almeida, seu compadre, vivia no norte do país e provavelmente não chegaria a tempo para enterrar sua única filha.

Responsabilizava-se pelo trágico fim de Luiza. Já havia enviado um mensageiro para a Bahia. Recomendou-lhe cuidado ao transmitir a notícia. Tinha de pensar rápido, não deixaria as decisões e procedimentos referentes ao corpo de Luiza para aquela gente. Quantas vezes avisara sua afilhada sobre o perigo que corria! Sabia que o caráter de Jamil e de sua mãe era deplorável.

No vilarejo, os comentários aumentavam. Rafael tomou conhecimento da desgraça, mas não podia se aproximar da propriedade. Deveria estar no Rio de Janeiro e seu primo não podia desconfiar de nada.

Enquanto isso, Joana me explicava o que ocorrera.

– Como? Mais uma morte nesta casa?

– Acalme-se, minha filha, o destino das pessoas é traçado de acordo com suas escolhas. Espíritos afins encarregados pela "alma" de Luiza já se encontram a seu lado.

– Joana, ela está morta?

– Não, somente seu corpo permanece aqui, seu espírito está livre agora.

– Quem são esses espíritos?

– Vi a seu lado espíritos de luz, mas também percebi outros, que vieram cobrar-lhe dívidas passadas.

– Como?

– Luiza ligou-se em pensamento com as trevas, queria tirar-lhe o marido e também sua fortuna. Com o tempo, almas perdidas, revoltadas, que caminham em vão pelo nosso planeta, captam suas vibrações e, durante o sono, entram em acordo com o encarnado, cobrando-lhe favores quando esses passam para o plano espiritual.

– Você se refere à vida além-túmulo?

– Sim. Vamos rezar por ela, temo pelo seu espírito.

– Não posso.

– Marieta, livre-se dos rancores, nada é por acaso. Vocês duas devem ter tido algum problema em vidas passadas e ainda não puderam se perdoar. Este sentimento só irá prejudicá-la. Luiza perdeu a chance que lhe foi dada nesta encarnação.

– Rezarei por ela e também por mim. Tenho visto cenas terríveis e pressenti que algo aconteceria nesta casa.

– Oremos.

No quarto ao lado, o espírito de Luiza olhava assustado para o seu corpo inerte.

Sebastião, meu espírito protetor, encontrava-se em oração com os espíritos responsáveis por ela. Postaram-se ao seu redor formando um círculo de luz, protegendo-a do assédio daqueles que cobravam suas dívidas.

Luiza chamava Jamil e, sem perceber que já se encontrava em outro plano, deslocou-se para a sala. Ao encontrá-lo desesperado, debulhando-se em lágrimas, assustou-se.

Jamil não estava sozinho. Negros malvestidos, mulheres esfarrapadas, nuas, homens acorrentados, mães com bebês no colo permaneciam a seu lado.

Luiza atirou-se nos seus baços, mas Jamil não podia vê-la.

"Quem seriam aquelas pessoas?", pensava Luiza. "Por que Jamil não a abraçava?"

Seu estômago doía, queimava, arfava. Sua respiração estava difícil, quase incontrolada, talvez estivesse sonhando; melhor seria voltar para o quarto, voltar a dormir e esperar o pesadelo passar.

O espírito de Luiza caminhava pelo corredor, quando ouviu uma gargalhada. Voltou-se para trás e encontrou dona Lucinda feliz, satisfeita.

Por que Jamil estaria tão desesperado e sua mãe extasiada de felicidade?

Em sua cama, encontrou seu corpo inerte. Sua madrinha chorava debruçada sobre ele. Os escravos, perplexos, faziam suas estranhas orações. Como os negros chegaram até ali? Seus cheiros lhe davam náuseas, nunca se interessara por eles. Melhor seria voltar a dormir, havia pedido remédio para as dores, mas dona Lucinda havia saído do quarto sem lhe dar ajuda. O chá estava com sabor estranho, não conseguia se lembrar do que acontecera após tomá-lo.

Nas escadas, névoas brancas pendiam sobre os degraus; as almas iluminadas tentavam equilibrar o ambiente com essas energias.

Um espírito ligado à família aproximara-se de Jamil. Jacira, a negra morta no pelourinho da fazenda de Rafael, estava na casa. Os espíritos se ligam por afinidades, o ódio pode manter um desencarnado na Terra, vagando, perdido... Jacira fora irmã de Jamil em encarnação pregressa e ele a trancara em um porão até o seu desencarne. Jamil mantinha-se fiel aos seus sentimentos, toda a fortuna da família deveria ser sua, não queria repartir nada. Por isso prendera sua irmã. Seus pais já desencarnados deixaram ouro, relíquias antigas, terras, entre outras coisas.

No plano espiritual, Jacira fora resgatada por Rafael. Perecera em uma região inferior desde então.

Jacira, o amor de Rafael da adolescência, em outra vida, acompanhava Jamil por todos os lados, seu espírito parecia incomodado; inquieta, a jovem despertara de sono profundo pouco antes do acidente com Luiza.

No plano espiritual, tudo era feito para que outros espíritos ligados à família não despertassem, pois com certeza eles se sintonizariam ao pensamento de Jamil e seriam atraídos até lá.

A vida no Plano Espiritual tem as mesmas características do nosso planeta.

Espíritos ligados por ideais de amparo e restabelecimento dos homens quando desencarnam utilizam-se da força de seus pensamentos para formar colônias nas quais parentes, amigos e afins vivem em uma esfera menos densa; por isso, pode-se dizer que a Terra é uma extensão do Plano Espiritual.

Luiza ainda não havia compreendido que desencarnara, mas sua consciência logo iria cobrar-lhe; na situação em que se encontrava, espíritos de luz puderam protegê-la por certo tempo, mas o esquecimento de seus deveres e os erros de conduta voltaram a incomodá-la quando se encontrou com dona Lucinda.

A mãe de Jamil estava acompanhada pelo mesmo tipo de espírito do filho.

Jacira passou a seguir Luiza pelos corredores. Atraída pelo choro de sua madrinha, deparou-se com Luiza morta e então compreendeu o desespero de Jamil.

Quando menina, em outra vida, havia se apaixonado por Rafael e ao acordar de um sono longo e profundo parecia perdida em uma casa desconhecida, com pessoas desesperadas.

Jacira não havia tomado consciência do seu estado, a morte passara-lhe despercebida. Provavelmente, seu espírito fora desligado do corpo antes dos golpes do pelourinho. A dor é inerente aos espíritos em evolução. Com o desenvolvimento espiritual, o corpo se torna menos denso, mais sutil e as doenças são amenizadas pelo sentimento de amor que cresce em cada um.

Luiza ainda sentia os efeitos do veneno adicionado ao chá quando reconheceu sua mãe entre os espíritos ali presentes. Assustou-se, pois sua mãe havia falecido nova. Como poderia estar ali?

A mãe de Luiza a acompanhava já fazia alguns dias. Com a aproximação do seu desencarne, ela teve permissão para acompanhar o grupo espiritual que desceu à Terra para auxiliá-la.

Com a chegada de dona Lucinda, Luiza desviou a atenção para os companheiros daquela senhora e não conseguiu captar as preces entoadas pelos seus protetores. As gargalhadas e a feição de felicidade deixaram desconfianças em seu coração.

Deitada sobre seu corpo, tentava reanimá-lo – aquele sonho estava se tornando muito real.

Jamil surgiu na porta do quarto com padre Bento que fora chamado para que Luiza fosse perdoada de seus pecados e partisse em paz.

Lívia, madrinha de Luiza, impediu que o padre se aproximasse: conhecia sua ligação com Jamil. A afilhada comentara sobre as esmolas confiscadas pelos dois.

– Suas mãos estão sujas – dizia Lívia ao padre.

– Calma, minha cara senhora, estou aqui para cumprir os desígnios de Deus. Esta alma não pode permanecer em pecado.

– Minha afilhada tem família e seu pai já foi avisado. Logo estará aqui e certamente decidirá onde e como Luiza será enterrada.

– Venho com o coração aberto, não pude chegar antes de sua morte, mas encomendarei sua alma, ainda assim.

– Retire-se daqui, a única responsável legal por Luiza sou eu.

Conscienciosamente, o padre retirou-se. Não havia necessidade de mais um escândalo naquela casa. Padre Bento aconselhou Jamil a respeitar os desejos de Lívia, pois não deveria meter-se em confusões e a sociedade local não tinha ideia do seu envolvimento com Luiza.

Os comentários sobre a longa estadia de Luiza na casa vinham aumentando. Os rumores sobre um envolvimento entre ambos eram cada vez maiores.

Jamil, desconsolado, perdido em seus sentimentos, deixou para Lívia a decisão do que seria feito do corpo de Luiza.

Jamil trancou-se em seu escritório e lá permaneceu até que tudo fosse resolvido.

Sua mãe enviava-lhe comida pelas mucamas e recomendava que não se tocasse no nome de sua amante.

Sr. Almeida recebeu a notícia da morte de sua filha após ela ter sido enterrada.

Lívia providenciara para que Luiza permanecesse ao lado de sua mãe na fazenda de Jamil. Seu desejo teria sido outro, mas em respeito a sua amiga deixou que Luiza descansasse a seu lado.

O pai de Lívia partiu imediatamente para Araritaguaba, onde pretendia tirar tudo a limpo. Sua filha sempre fora saudável, nenhum mal a acometera quando criança, tinha a força e determinação de sua avó materna.

Com as mãos trêmulas, passos desencontrados e com a mesma roupa que saíra da Bahia, sr. Almeida aproximou-se de Jamil e com toda força que lhe restara deu um golpe na face do homem que levara sua filha à morte. Tinha a certeza de que ele a induzira a fazer coisas indesejáveis, sabia qual era o caráter de Jamil e não poderia esperar outra coisa daquela família desgraçada pela ganância.

Como pudera deixar sua filha sem proteção? Qual teria sido o motivo verdadeiro de sua morte?

A dor da perda de uma filha não pode ser mensurada. Mesmo distante fisicamente, sr. Almeida participava das aventuras de Luiza. Sentia-se impossibilitado, não podia opinar, mas sempre desejara mais para sua doce criança.

A amiga Lívia enviava-lhe cartas contando sobre a permanência de Luiza na fazenda Estrela d'Água. Ele não pudera calcular o risco que sua filha corria; questionaria e encontraria o culpado, jamais descansaria novamente. Se preciso fosse, lutaria contra tudo e todos.

Capítulo XI

Na fazenda, os dias pareciam longos. Jamil abandonara seus afazeres definitivamente e dedicava-se somente ao deleite. Possuía escravas, jogando-as ao chão como se fossem peças descartáveis. Nunca mais beijou outra mulher. Luiza mantinha-se viva em seu coração.

Sr. Jorge tratava de sumir com os corpos das escravas que não resistiam e morriam nos braços de Jamil.

Dona Lucinda assumiu os negócios.

A fazenda Engenho Doce fora colocada à venda e os escravos foram transferidos para a Estrela d'Água, assim como o capataz e seus ajudantes. Desativada a produção de café, o maquinário faria parte do imobilizado da fazenda.

O mobiliário fazia parte do conjunto vendido.

Dona Lucinda pusera a ambição à frente dos princípios morais. Apressara-se para executar a venda, pretendia aproveitar a rota das embarcações que vinham de Minas Gerais. Compraria pedras preciosas com o dinheiro da venda e também das doações da igreja.

A rota das embarcações atraía muito dona Lucinda, pois sabia que poderia enviar escravos para Minas Gerais e de lá extrair pedras preciosas sem que ninguém desconfiasse.

Os escravos andavam indóceis, caíam doentes sem motivo aparente. A produção de café da fazenda vinha sofrendo com o distanciamento de Jamil.

Interessados em causar mais problemas para seus donos, os escravos da senzala se reuniam durante as madrugadas, quando o capataz já dormia.

Os vigias da noite amoleceram a segurança desde que seu patrão deixou de cobrá-los.

Com mais tempo para combinar suas fugas, os negros organizaram-se em turmas. Na entrada da senzala alguns homens espreitavam o movimento no mato, a escuridão da noite facilitava o trabalho de retirada de alguns recém-nascidos que eram levados para a vila sob proteção dos amigos de Rafael. Constantemente, viam-se, nos navios que partiam de Araritaguaba em direção a Cuiabá, negras libertas acompanhando os bebês. A contagem rigorosa de outrora já não os assustava. Sr. Jorge passou a comprar ferramentas, sacos de couro, betume e guardá-los no armazém. Enfim, uma série de afazeres o detinha na vila por mais tempo do que esperava.

O contato com o quilombo próximo à fazenda era feito por meio dos ajudantes de sr. Jorge, que precisava das encomendas que chegavam da cidade grande. Os escravos mantinham-se agrupados no armazém até que o capataz deixasse de segui-los. Nas andanças pelas roças, sr. Jorge recuperou alguns negros, mas esta já não era a sua prioridade. Ao se encontrarem com os organizadores das revoltas, sr. Jorge e dona Lucinda resguardavam-se. Os amigos de Jamil não podiam desconfiar do seu afastamento. As crianças que nasciam durante a noite eram embrulhadas em estopas, sacos de pano, ou até mesmo em uma parte do tecido do vestido da mãe, e eram entregues aos alforriados que permaneciam na fazenda.

Ao amanhecer, colocavam-se em fila para a liberação das turmas de trabalho. As grávidas permaneciam na senzala e os bebês desaparecidos durante a noite eram dados como mortos.

Rafael voltara para o Rio de Janeiro, onde suas obrigações o aguardavam.

Rafael atendia aos pedidos de alforria. Analisava todas as questões. Apoiava-se na lei que proibia o tráfico de escravos africanos desde 1831, com as regras estabelecidas pela ordem real.

Seu escritório de advocacia tinha contato com juízes abolicionistas que defendiam os escravos ante a opressão dos senhores de engenho, ameaçando também os capitães do mato.

A libertação de alguns negros propiciou o trânsito destes em diversos estabelecimentos comerciais e maior contato com a sociedade, que contemplava o trabalho escravo, acomodando-se aos padrões de riqueza da época. Poucos filhos de fazendeiros ou políticos voltavam da Europa com a gana de servir. Os títulos de advocacia e medicina lhes serviam para aumentar o *status*.

Rafael não se encontrava nesta parcela da sociedade, já que abraçara a causa abolicionista desde novo.

Marieta e Rafael não conheciam a verdadeira convivência de cônjuges, até aquele ponto de suas vidas. Seu destino fora determinado por eles mesmos: as consequências de atos impensados, jogos amorosos, trapaças programadas para escalar as etapas sociais em encarnações pregressas trouxeram-lhes dívidas, cobranças. A consciência é libertada no momento em que o corpo físico é despojado e a alma parte para o Plano Maior, isto é, deixa a Terra e volta ao plano espiritual.

Ambos não se recordam dos comprometimentos anteriores quando recebem nova chance de Deus para reencarnar. A oportunidade de novo reencarne é definida pelos responsáveis espirituais que residem em colônias espirituais preparadas para analisarem os fatos ocorridos na última encarnação do espírito, atribuindo-lhes maiores ou menores consequências em relação ao que virá no futuro (na próxima encarnação). Na maioria das vezes, os erros passados ficam adormecidos e guardados no arquivo mental do espírito por tempo indefinido. O sofrimento e o afastamento de Marieta e Rafael se devem aos compromissos de resgate que ambos carregam em seus espíritos.

O encontro de Marieta e Jamil não fora por acaso. Os dois receberam uma chance para conquistar o perdão mútuo.

Nas esferas mais altas, esse tipo de resgate já não é necessário, pois o amor é o sentimento que prevalece.

O clima na Casa Grande continuava tenso. Sem mais nem menos, Marieta foi chamada ao escritório de Jamil. Com certa dificuldade desceu as escadas, seus passos eram lentos mas também cuidadosos. Sua experiência de outrora a deixara alerta. Não pretendia deixar que sua sogra a agredisse novamente, precisava manter a calma.

Jamil se encontrava sozinho a esperá-la. Seu semblante era rude; com seriedade, seus olhos a olhavam e pareciam penetrar sua alma.

– Por que fui chamada aqui?

– Desarme-se, Marieta. Temos assuntos sérios a tratar.

– Não tenho nada a tratar consigo.

– A situação está complicada e devo avisá-la de que não deixarei seu amante livre por muito tempo. Venho pensando em nosso casamento e não vejo o porquê desse nosso distanciamento.

– Nunca estivemos próximos, meu caro.

– Não lhe sou caro, sei que represento o demônio para você.

– Não representa nada para mim e não sei sobre o que fala. Não tenho amantes como você.

– Até reencontrar Luiza, tinha outros interesses: a fortuna e a posição social eram meus maiores desejos. Para mim, o homem não deveria se apaixonar, mas o que senti por ela ensinou-me que o amor existe. Perdi as esperanças. A nossa situação me era conveniente. Quando me casei com você, meus objetivos eram aumentar minha fortuna.

Seus sentimentos não me importavam e ainda não me importam. Só quero retomar minha vida. Perdi a melhor coisa que me aconteceu, mas vou consertar o estrago que você e Rafael fizeram, jogando meu nome na lama. A sociedade local vem fazendo insinuações sobre seu envolvimento com ele e eu não estou disposto a aguentar as chacotas desses fazendeiros inúteis.

Sr. Almeida vem incomodando mamãe com perguntas inoportunas, investigações nas redondezas e não quero que tenha provas de meu envolvimento com Luiza. Preciso sustentar a imagem de homem de bem e você me ajudará a reconquistá-la.

Não acredito em amizades desinteressadas, sei que são meus amigos por causa da posição social que ocupo. Após longo período de luto, pretendo reassumir minhas funções e Rafael vem me incomodando.

– Não se atreva a mexer com ele.

– Isso vai depender da sua colaboração. Voltaremos a comparecer à missa, transitar de charrete pelas estradas, participar dos recitais e de todos os outros compromissos de um casal que se encontra em nossa posição. Mamãe precisa de minha ajuda, ela tem se esforçado muito para manter os nossos negócios. Não posso perder a cabeça.

Tivemos uma longa conversa noite passada e ela justificou a venda de nossa antiga fazenda. Estamos investindo em novos negócios e retomarei meu lugar.

Tomarei providências para que sr. Almeida seja afastado da contabilidade da fazenda. Seus serviços já não são satisfatórios para mim.

– Não posso sair, ainda estou me recuperando.

– Deixe de história, Marieta. Já teve tempo suficiente para entender com quem está lidando.

– Recuso-me a obedecê-lo, sou dona de tudo isto aqui.

Jamil levantou-se, saiu de trás da escrivaninha com o chicote posicionado para atingi-la. Ela deu dois passos para trás, caiu ao chão, fechou os olhos, cobriu a cabeça com as mãos, encolheu-se e, de repente, ouviu a voz de dona Lucinda.

–Jamil, não perca tempo com essa mulher. Coloque-a de volta no quarto, suas ordens serão atendidas. Ela sabe o que faremos com seu amante se ela não colaborar; não lhe dê tantas explicações, você é o chefe da casa.

– Tem razão, mamãe. Suba já, Marieta.

Com as costas machucadas, Marieta tentou sentar-se; apoiou-se na mesa para se levantar, mas suas pernas não responderam. Estremeceu, o suor corria pelo seu rosto empalidecido e a imagem do horror passado na senzala voltou vivo, real e intenso. As mesmas sensações, o aperto no coração e o medo tomaram conta dela.

Marieta foi carregada até o quarto por dois escravos, Joana colocou-lhe no nariz um preparado de folhas e ervas para que retomasse a consciência.

Sua visão estava turva, a expressão era de temor, as pálpebras tremiam. Nos olhos, o vermelho preenchia a superfície branca. As mãos estavam geladas, seu olfato estava obstruído, não podia sentir o perfume de rosas que Joana colocava todas as manhãs em seus lençóis. Tudo a seu redor voltara a ficar negro, nebuloso.

No Rio de Janeiro, Rafael sentiu uma pontada no coração. A imagem de Marieta caída ao chão surgiu em sua mente. Recuou e deixou de ler os jornais em seu escritório. As lembranças dos momentos de amor vividos por eles tomou todo o seu corpo. As mechas de cabelo de Marieta pareciam tocar novamente seu peito; suas mãos macias acariciavam seu corpo; seus lábios quentes e carnudos encontravam-se com os seus. Da janela, ele olhava o mar embevecido pela sua magnitude, força e beleza. Recebeu a brisa serena daquele dia de outono como se fora um presente entregue por sua amada.

Envolvido nas lembranças, aproximou-se de sua mesa de trabalho, sentou-se, abriu seu caderno de anotações respirou fundo e escreveu:

"Hoje, mais uma vez, enfrentei a vida. Aguardava aquela que mais amo e que sempre me traz alegria e, de repente, deparo-me com aqueles olhos negros de uma tristeza profunda, emoldurados pela serenidade do rosto perfeito, cabelos saídos do vento que refrescava o fim da manhã ensolarada. Fixaram-se em mim essas janelas da alma e nada se encontrava ao redor. Era como se a matéria se evaporasse, deixando-me em um mundo fluídico de paz, harmonia e amor. Vibrações singelas e tristes percorreram-me o corpo como uma tênue eletricidade acariciante sobre minha alma.

Deus, que tristeza é essa que me faz sofrer tanto? E, quando sua boca se abre falando de suas angústias, seus medos, seus segredos mais bem guardados, ouço tanta sinceridade como se uma orquestra de ninfas brilhantes me entregasse as notas musicais da tristeza em uma sinfonia de notas celestiais que se alojavam em meu coração expulsando dali as lágrimas e levando-as aos meus olhos, para que escorressem de minha face transtornada pela solidariedade e dor.

Ah, gêmea do meu coração, ternura em forma de mulher querida, quisera eu ter o poder de levá-la deste mundo hostil para a paz do firmamento e, entre as nuvens andarilhas do céu, encontrar um recanto só nosso onde eu pudesse pousá-la entre as flores à beira de um regato cristalino de águas mansas nesse jardim do céu. Lavaria seus pés com essa água fresca, colheria flores para enfeitar seus cabelos, faria você sentir o amor fluir de minhas veias e a rodearia com brancas nuvens claras para que enfim sentisse a paz.

Mas quero que você saiba que um dia virei buscá-la, trarei um vestido leve confeccionado com as fibras azuis do amor que tecerei para você e aí então alçarei voo com meu fardo precioso. Deixaremos para trás nossas tristezas, nossa escuridão interior e nada mais importará, apenas as mãos entrelaçadas e o olhar amoroso nos bastarão. Alegre-se, pois, minha rosa branca; já caminhamos tanto, já fizemos tanto separados que juntos teremos força para sonhar com a felicidade.

Felizes aqueles que confiam no futuro, que sabem que o calvário está perto para depositarmos nossa cruz. Quero que saiba do imenso amor que sinto em meu coração e que não há nada na nossa Terra que maculará este amor.

Força, meu bem, caminho com você."

Seu desejo era estar com Marieta em seus braços, acompanhando seus gestos delicados, ouvindo sua voz doce, trocando ideias, contando-lhe seus projetos, suas derrotas, mostrando-lhe a esperança que vinha de seu coração. Sentia-se só, sua alma parecia secar aos poucos, não podia sorver o alimento para a sua sobrevivência. O amor de Marieta tinha o poder de preenchê-lo por inteiro.

Sua vontade era de voltar, invadir a Fazenda Estrela d'Água e levar sua amada para longe. Atravessaria a mata, cruzaria oceanos para tê-la ao seu lado, mas no fundo sabia que os deveres e o trabalho de conquista da liberdade de alguns negros eram um comprometimento maior. Talvez Marieta também soubesse disso, por isso aceitara aquele casamento. Sua alma pedia calma, paciência.

Marieta retomava a lucidez aos poucos. Dona Lucinda dera ordens para que ela fosse bem cuidada, pois teria de ir à missa ainda no domingo seguinte. Seu filho precisava mostrar às pessoas que ela estava bem. Os boatos não eram favoráveis: Jamil tinha inimigos e sua reputação deveria ser mantida para que o novo negócio de transporte de pedras preciosas e o tráfico de escravos continuassem sem desconfianças.

Capítulo XII

Um dos maiores amigos de Rafael havia voltado à França. João conseguira embarcar cinco escravos com ele para auxiliá-lo no translado. Lá, pretendia reorganizar suas vidas, proporcionando-lhes moradia e trabalho dignos.

No caminho, João relembrava situações vividas pelo seu grupo de abolicionistas. Enfrentaram a Ordem dos Advogados, rejeitaram propina, denunciaram uma série de abusos, mas ainda faltava muito para a escravidão terminar. Ao menos havia feito sua parte e desejava sucesso para seus companheiros. Quando fora chamado por sua tia para administrar sua propriedade em Paris, resolveu seguir seu destino, mas a promessa feita na noite da despedida na adega, onde se encontravam Rafael e todos os outros companheiros, seria respeitada.

Tudo faria para envolver sua tia na empreitada que seguia desde a época da faculdade. Com mais recursos, poderiam enfrentar Jamil e, assim, desmascará-lo perante a sociedade.

Na chegada à França, enorme coincidência ocorrera com João. Suas primas haviam se deslocado de Paris para recebê-lo, pois continuavam a ter esperanças de casamento. Maria, primeira filha de Eunice e que fora acolhida pela família a pedido de Rafael, as acompanhara na viagem. As duas foram educadas e preparadas para encontrar um príncipe.

João era bem-apessoado, portava uma luneta e sua pasta de anotações da viagem, quando esbarrou em um dos tripulantes.

Desculpou-se, mas o tal não se deu por satisfeito, exigindo a sua presença em seu camarote. Lá, esclarecidos os mal-entendidos, caíram na prosa.

Ele reconhecera aquele senhor: dr. Antenor era o médico da família de Jamil e ouvira falar dele na época da morte de Luiza. Os amigos de Rafael conheciam a história de sua morte repentina, mas nenhum detalhe fora revelado na época.

João, percebendo a oportunidade de esclarecimento dos fatos importantes que envolviam essa morte, convidou dr. Antenor para um encontro dali a dois dias. Precisava estar bem recuperado da viagem, com a mente alerta. Talvez pudesse descobrir o que realmente ocorrera com Luiza.

A organização das malas e o reencontro com sua tia foram tranquilos. Por acaso, encontrou-se com Maria no corredor quando ela se dirigia para seu quarto no intuito de auxiliá-lo com a organização da bagagem. Ficou muito impressionado com a beleza dela. A tonalidade de sua pele, seus olhos cor de âmbar e sua silhueta bem contornada fizeram-no perder o fôlego.

– Desculpe-me, andava distraído. Qual é o seu nome?

– Maria, a seu dispor.

– O que faz aqui uma moça tão bonita?

– Vim do Brasil ainda pequena e tive a sorte de encontrar essa boa família que me acolheu com carinho. Minha mãe é escrava da fazenda Estrela d'Água. Correspondo-me com a sra. Marieta, que é grande amiga dela.

– Meu Deus, as coincidências não existem. Sou grande amigo de Rafael, primo do marido de Marieta.

– Sr. Rafael foi a alma boa que me salvou. Ele mesmo me colocou no navio com destino a Paris. Aqui cheguei assustada, mas Deus me enviou um alento, d. Genoveva, sua tia.

– Muito prazer, Maria. Nós nos encontraremos em breve com mais calma para que você possa me contar melhor sua história.

– Até breve, sr. João.

João desceu as escadas ainda envolvido nos eflúvios de Maria.

Recostado na confortável poltrona do *living*, pensava nas possibilidades de abordagem do assunto referente à morte de Luiza. Sérias dúvidas pairavam ao seu redor.

No dia marcado, João recebeu de um mensageiro o seguinte bilhete:

"Caro amigo, ao deixar o navio não me senti bem, uma desordem estomacal me mantém preso à cama até hoje.

Podemos deixar nosso encontro para a próxima semana, assim certifico-me de minha saúde.

Entrarei em contato.

Abraços,

Antenor."

A decepção deixou-o sentado na sala por algum tempo. Pensativo, temia não conseguir ajudar seu amigo.

Sua mente se perdia, retornava ao Brasil lembrando-se das preocupações de Rafael, mas devia ter paciência. Logo estaria com dr. Antenor, Deus não o abandonaria...

Passados alguns dias, uma nova nota é entregue a João. O médico havia se recuperado. Contava com a sua presença em um jantar de boas-vindas que lhe seria oferecido por um grande amigo brasileiro.

João aceitou o convite imediatamente, pois não devia afastar-se da única testemunha do crime, assim ele pensava.

Ao chegar com a carruagem à porta da casa, ele surpreendeu-se ao encontrar sr. Almeida a sua espera. Como acontecera tal coincidência?

Dr. Antenor fora assim tão chegado ao sr. Almeida? Como ele teria ido até a França? Onde é que estavam os outros convidados?

Dentro da casa, refletindo em frente à lareira, João tentava adivinhar o que fazia ali, e por que somente ele respondera ao convite, ou seria ele o único convidado?

Livia, madrinha de Luiza, precipitara-se indo ao encontro de João. Ele não a conhecia, mas podia reconhecer uma senhora do Brasil.

Oportunamente, dr. Antenor sentou-se em seu lugar à mesa. Ao lado dele, sr. Almeida. Na cabeceira, mais uma senhora, a dona da casa.

No decorrer da noite tudo ficaria claro. Os casais eram bons amigos, ambos viajavam no mesmo navio. Ele não reparara na presença dos outros, porque se encontravam na segunda classe.

A madrinha de Luiza resolvera acompanhar sr. Almeida à França para apoiá-lo. Os amigos de Rafael haviam lhe contado sobre a organização dos estudantes da faculdade de Direito.

Ela sempre fora apaixonada pelo amigo, sr. Almeida, apesar de ter respeitado sua melhor amiga desde o princípio do casamento.

Naquela época, ambas eram casadas e o respeito e a amizade sempre nortearam seu relacionamento. Com a passagem da mãe de Luiza, Livia sentiu-se na obrigação de cuidar de sua filha.

Durante a viagem, Livia declarou-se para sr. Antenor e ambos puderam usufruir de momentos especiais.

O médico da família de Jamil estava distante do Brasil e as circunstâncias o levariam a compreender a importância daquela revelação.

Os convivas preparavam-se para saborear a sobremesa, quando João disparou a pergunta sem conseguir controlar sua curiosidade:

– Qual foi o motivo da morte de Luiza, dr. Antenor?

– Na qualidade de médico da família, devo preservar meus clientes – dr. Antenor assustou-se com a frieza e objetividade da pergunta.

– Como poderíamos acreditar na sua lealdade se fugiu do Brasil com as anotações referentes à morte de Luiza? Encontramos em sua bagagem anotações importantes sobre inúmeros casos de envenenamento. Como nos explica isso?

– Minhas pesquisas nesse campo são sigilosas, nada tenho a declarar. Como é que tiveram acesso aos meus arquivos?

– Caro amigo, devo lhe informar que os contatos feitos no navio foram de grande valor para nossas investigações. Devo esclarecer-lhe que sou grande amigo de Rafael, primo de Jamil. Comprometi-me a auxiliá-lo nessa investigação. Muitas pessoas estão envolvidas no caso. A esposa de Jamil, Marieta, vem recebendo ameaças da sogra. Seus dias têm sido infernais e, por que não dizer, contados.

Dona Lucinda, em comunhão com Jamil, tem lhe imposto vários castigos físicos desde seu casamento. A tristeza na qual ela se encontra tocou meu amigo e nós decidimos compartilhar todos os dados até agora reunidos no escritório de Rafael. Sr. Almeida pode lhe confirmar o que digo. Ele mesmo contratou os serviços de Rafael. Por isso, penso que o senso de dever para com a humanidade deve nortear nossos corações. O que o senhor acha de se juntar a nós?

– Devo lhe confessar que já o fiz. Sr. Almeida me colocou a par das circunstâncias. Posso agora esclarecer-lhe alguns detalhes já verificados até o presente momento.

Venho me esforçando para descobrir como são os efeitos da *overdose* de uma planta cultivada no Brasil, desde a época de sua descoberta, trazida pelos navios portugueses vindos da África.

– Qual é o nome desta planta, dr. Antenor?

– O nome da planta pouco importa agora. Na época da morte de Luiza, eu não havia descoberto o livro de receitas, *Triaga Brasílica*, cujas plantas eram cultivadas no Brasil e que poderiam contribuir para a cura de muitas pessoas. Doenças como malária, sífilis, cólicas, dores de cabeça, febres e até mesmo envenenamentos poderiam ser curadas com o auxílio de plantas nativas, as quais poderiam também matar se caíssem em mãos erradas. Dona Lucinda guardava com ela um desses exemplares, para sua segurança e de seu filho.

Ele continuou:

– Luiza morreu rapidamente, suas unhas escureceram e as pontas dos dedos enrijeceram imediatamente. Seu aspecto era triste, em seu semblante a imagem da dor era clara.

Culpei-me por não salvá-la. Apesar de estreita amizade com dona Lucinda, comecei a desconfiar de sua frieza ao encontrar Luiza quase morta no quarto. Com a desculpa de pesquisar a cura de um eczema, nas região abdominal que a incomodava demais, pedi que me enviasse toda a literatura disponível em sua biblioteca.

Na época da colonização no Brasil, os jesuítas desenvolveram imenso material de pesquisa por meio da observação e do contato com os indígenas. Eles eram os responsáveis pela saúde dos nativos e daqueles que chegavam para devastar as florestas do nosso país. Em posse de tais materiais, iniciei uma longa jornada através dos itens contidos na rica literatura.

Não entendia como dona Lucinda havia adquirido tal material. Qual seria seu interesse? As coisas começavam a clarear. Pensei na possibilidade de envenenamento de Luiza. Cheguei a cogitar se aquela teria sido a única morte executada pela família em questão.

Os homens da família deveriam ser reverenciados e a matriarca providenciava a manutenção deste respeito.

Sem escrúpulos, era o que eu começava a pensar, ela utilizava-se dos conhecimentos de tais livros para matar aqueles que cruzassem o caminho de seu filho.

Com o tempo, fui investigando as mortes da fazenda Estrela d'Água e percebi alguns sintomas parecidos com os de Luiza.

Em um envenenamento por ingestão de toxinas, os sintomas podem ser similares aos de uma morte por intoxicação alimentar.

Vômitos, dores abdominais, diarreia sanguinolenta, desidratação ligeira ou severa, são alguns dos sintomas dessa morte.

Luiza se encontrava muito fraca. No dia de seu transpasse não atinei para o tempo que já havia passado.

Pensei na época da descoberta do livro, que ela devia estar sofrendo há mais tempo do que o que me fora relatado.

Mortes por envenenamento são rápidas, mas sempre há tempo para salvar o paciente, se assim o desejarem.

As informações não batiam mais. Apesar de ter cultivado grande amizade com a família, a ética médica falava mais alto em minha consciência.

Procurei o pai de Luiza, e sua madrinha me levou até ele.

Os escravos da casa contribuíam com informações mais específicas sobre o temperamento daquela senhora.

As horas demoravam a passar; sr. Antenor não podia mais esperar, por isso a viagem para a França.

Nesse país, as pesquisas estão mais avançadas.

Trouxemos frascos de plantas que germinavam no jardim de dona Lucinda.

Obtivemos auxílio de Joana, que absorvera certo conhecimento sobre as ervas nas noites de orações no terreiro.

– Como chegaram até aqui sem que ninguém percebesse?

– Eu não precisei de nenhuma justificativa maior, simplesmente "tirei férias". Senhor Antenor e Lívia saíram da cidade teoricamente em direção ao Rio de Janeiro. Ninguém sabe que me acompanharam.

– O que pretende fazer agora?

– Já encaminhei as ervas para um médico conhecido meu. Ele logo nos dirá quais misturas são necessárias para que a morte seja rápida. Tenho comigo o livro que dona Lucinda possuía. Se a receita estiver contida ali, podemos deduzir que ela a teria utilizado para acelerar sua morte.

No plano espiritual, Luiza, que havia sido acolhida após tremendos sofrimentos, remexia-se em seu leito do hospital. Sua acompanhante administrava-lhe passes calmantes para que ela não despertasse naquele momento.

Na França, os métodos de avaliação pós-morte haviam dado um salto com as pesquisas realizadas pelos cientistas da época. O movimento de popularização da Medicina auxiliou.

Capítulo XIII

Rafael seguia trabalhando no Rio de Janeiro. Marieta recuperara-se do susto e, por amor, protegia seu amado seguindo as ordens de Jamil.

Não pudera retomar as aulas. Seu marido a advertira sobre seus compromissos – não teria a mesma liberdade de outrora.

Marieta continuou a fazer suas refeições no quarto, já que suas funções eram restritas aos aparecimentos públicos. Deveriam manter as aparências, mas Jamil e ela nada tinham em comum, pensava a moça. Não precisava se esforçar para manter-se distante dele, sua sogra não teve muito trabalho para separá-los no início do casamento.

Ah, que saudades sentia de sua mãe e de seu pai... e padre Joaquim, como estaria?

Durante o sono, ela encontrara-se com amigos no plano espiritual. Com o espírito livre, eles captavam as energias do plano astral, abastecendo o espírito de Marieta, que continuava encarnada e tivera alguns instantes de paz ao deixar seu corpo dormindo e recuperando-se do dia exaustivo.

Ao retornar ao seu quarto, colocou-se novamente em harmonia com o plano material. Trouxe com ela a recordação da noite: seu espírito reteve as informações no seu inconsciente, mas restava-lhe a intuição para auxiliá-la na manhã recorrente.

Seu mentor a acompanhara nesse deslocamento, aproveitando para relembrá-la sobre: a influência da mente no corpo, o perigo de desenvolvimento de doenças através dos pensamentos negativos, de ódio, rancor, etc. O espírito carrega germes latentes no perispírito, podendo causar a degeneração de células, abertura das defesas imunológicas e o desenvolvimento de doenças fatais.

Seu sofrimento não justificaria o despertar de doenças em seu corpo. Essa era uma das suas obrigações: cuidar de seu corpo físico por meio do perdão, paciência e benevolência e a constante preocupação com os semelhantes.

Deus é justo, por isso nada do que lhe acontecia seria por acaso. Os seres humanos escolhem suas provas ao retornar ao planeta Terra. Ela, com certeza, tinha condições de suportar os maus-tratos. Mas saberia auxiliar esses pobres espíritos reencarnados para se perdoarem mutuamente?

Na fazenda, o cotidiano fora restabelecido.

As estradas de acesso à fazenda voltaram a ser vigiadas e os capangas tinham ordem de disparar para matar.

A ganância de Jamil e de sua mãe tornara-se doentia; após o fracasso da festa de Domingo de Ramos, dona Lucinda tornou-se mais obsessiva. Ela e seu filho deveriam tornar-se os fazendeiros mais ricos e poderosos da região. Não havia desistido do título prometido.

Rafael pretendia voltar a Araritaguaba, quando foi informado do retorno de Jamil ao comando da fazenda.

Sr. Almeida entrara em contato com Rafael logo após a morte de sua filha. Sabia que as diferenças entre os primos facilitariam a descoberta do verdadeiro motivo da repentina perda de Luiza.

Rafael investigara o laudo médico, conversara com alguns escravos da Casa Grande e percebera certo descaso no socorro a Luiza. Mal sabia ele que seu amigo estava prestes a descobrir o verdadeiro motivo da morte de Luiza...

Competente advogado, tinha bom relacionamento com os políticos do Rio de Janeiro, o que serviria de ponte para a obtenção de informações para o pai de Luiza.

Sr. Almeida e Rafael tinham um pacto: Rafael tentaria saber mais sobre as posses da Jamil. Teria Jamil adquirido alguma propriedade em nome de Luiza? Seria possível provar que eles tinham um relacionamento estável?

Sr. Almeida poderia provar à justiça o verdadeiro caráter de Jamil? Suas más intenções referentes à sua filha?

Rafael aceitou trabalhar para ele com a promessa de que ele transmitiria informações sobre a contabilidade de Jamil. Sabia que mexia em um vespeiro, mas precisava libertar Marieta daquela prisão.

A causa pela qual lutava estava bem resguardada. Sua intuição levava-o a sentir a participação de dona Lucinda naquela morte. Ela nunca concordara com a presença de Luiza na casa.

Enquanto isso, no plano espiritual, os temores de Marieta eram sentidos por sua mãe. Na colônia espiritual onde se encontrava, começava a perceber que o modelo de sociedade existente no Brasil não levava esperanças para as mulheres; estava apreensiva.

A tristeza de Marieta afetava sua recuperação, sua passagem fora repentina. Os espíritos responsáveis por ela mantinham-se atentos. Com os pensamentos ligados aos da filha, poderia retornar à sua casa onde vivera tantos anos.

Espíritos ligados naturalmente pelo amor reencontram-se diversas vezes no outro lado da vida, no plano espiritual, assim como no plano material.

Quando ainda na Terra, dona Maroca não percebera a forte ligação de Rafael e de sua filha – talvez fossem profundamente ligados há muitas encarnações. Ao ver-se liberta do corpo, foi aos poucos percebendo seus erros, procurou ajuda na própria colônia espiritual. Encontrava-se na enfermaria, seu desencarne era recente e ainda se sentia um pouco nauseada com a diferença de vibrações.

Na Terra, o ar é mais denso, a atmosfera terrestre suporta maior carga de vibrações negativas. Os homens têm ainda um longo caminho evolutivo e, sem a disposição para melhorar seus pensamentos, suas atitudes deixarão de apreciar o contato com a verdadeira felicidade.

Muitos resgates são executados no planeta Terra. Outras vidas tivemos, outras encarnações nos foram oferecidas por Deus.

Marieta, Rafael e Jamil são devedores; têm coisas em comum, um passado a resgatar. Com disciplina e perseverança certamente receberão novas chances de perdão.

Dona Maroca sentia-se privada da companhia dos que mais amava e sabia quanto sua filha estava sofrendo.

Do outro lado do corredor, o Barão, pai de Marieta, continuava dormindo, debatendo-se com as suas próprias culpas. Em pequenos lances de lucidez, perguntava por sua mulher, mas a todo instante pedia a presença de Marieta. Seu desencarne fora provocado pelo genro e ele sabia disso. A insensatez, o poder e o orgulho levaram sua família a protagonizar uma verdadeira tragédia.

Na vida terrena, nunca havia pensado na possibilidade da existência de Algo Maior. Deus, para ele, estava acompanhando os homens bem de perto, tanto que repetia inúmeras vezes a dona Maroca como perdia tempo orando para tantos santos com tanto fervor. Ele ainda não percebera que suas preces levaram-no para onde se encontrava. A força da prece é incomensurável; do coração enviamos luzes azuladas, alaranjadas, enfim, diversas energias circundam os seres humanos.

Pedidos e agradecimentos são todos captados pelos trabalhadores do Senhor. Lindas nuanças de cores formam-se ao redor das pessoas que recebem inconscientemente a ajuda.

Capítulo XIV

Na missa, Marieta e Jamil permaneciam de mãos dadas. Na primeira fila da igreja, os fazendeiros confirmavam a sua posição na sociedade.

Para os amigos, Jamil justificou a falta de sua mãe comentando seu mal-estar e a constipação que a deixaram de cama.

Marieta tinha boa aparência, seu sorriso já não era como o de antes. Os homens cumprimentavam as mulheres casadas com uma reverência, aproximavam os lábios e delicadamente beijavam suas mãos.

Na igreja não faltavam conhecidos. Jamil dirigia-se para a porta quando percebeu a presença de Rafael. Aproximou-se mais de Marieta e, com os olhos vidrados, passou a acompanhar seus movimentos. Fez um sinal para um de seus capangas, que logo se aproximou, tirou o chapéu e fez um movimento de reverência. Jamil balbuciou algumas palavras, indicando a direção de seu primo.

Rafael não estava sozinho, amigos o acompanhavam armados, mostrando a Jamil que não era o único ali que dispunha de proteção. O clima era tenso, as senhoras aproximaram-se de Marieta para dar-lhe boas-vindas, atrapalhando o contato com seu amor.

Na igreja, a conversa mantinha-se animada; as crianças que aguardavam do lado de fora corriam e brincavam de pique-bandeira. As mucamas tão logo perceberam a algazarra que se fazia ao redor de Rafael e de seus amigos, convencidas de que as coisas não iam bem para os jovens recém-chegados do Rio de Janeiro, sussurravam para que eles se retirassem dali.

Com os recursos provenientes de Paris, o grupo de advogados tentaria comprar alguns negros da Fazenda Estrela d'Água e sabiam com quem poderiam contar. As informações precisas do momento da morte de Luiza eram importantes e só as testemunhas da casa os ajudariam.

Enquanto isso, no plano espiritual, o espírito de Luiza continuava perturbado; as vozes de outros desencarnados atrapalhavam seus pensamentos, ela não compreendia como ninguém percebia sua presença. A revolta apoderou-se de sua alma: vingar-se-ia de dona Lucinda. Apesar de não saber o que lhe tinha acontecido, não tinha consciência de sua morte, tudo era muito confuso ainda; mantinha-se ligada a Jamil, podia perceber seus pensamentos, participar de conversas; locomovia-se com dificuldade, seu estado dificultava a percepção da realidade.

Na grande maioria do tempo, mantinha-se no quarto de Jamil. Deitava-se na cama, abraçava-o quando dormia, aproximava-se dele ao sentir qualquer mudança no seu humor. Sabia que estava diferente, mas como?

Dona Lucinda causava-lhe náuseas, a proximidade de ambas era impossível, sua presença lhe fazia mal.

Luiza corria para os cantos da casa assustada, pois os acompanhantes desencarnados da mãe de Jamil eram assustadores.

Os seres humanos produzem formas, figuras, imagens quando pensam e o tipo de pensamento determina as companhias que os seguem.

Nuvens negras rodeavam-na, velozes répteis passavam de um lado para o outro, cobras imensas enrolavam-se em seu pescoço. As formas do pensamento que a acompanhavam faziam com que seu perispírito se modificasse. Este, como o elo com o espírito e corpo físico, transmite para o perispírito os pensamentos que, por sua vez, quando interligados, retransmitem para o físico.

No caso de Luiza, já desencarnada, o perispírito captava maior número de sensações pelo simples fato de não ter mais o corpo físico (mais denso).

O perispírito pode amoldar-se de acordo com os desejos de cada um, mas a maneira obsessiva de agir, os contatos com seres menos evoluídos e a vontade de fazer o mal podem desfigurar e transformar esse corpo semimaterial, tornando-se difícil sua recuperação. Muitos espíritos necessitam de uma operação no plano espiritual para recuperar sua forma original.

Seres provenientes de locais repletos de podridão, mau cheiro, lama, lodo, podem ser atraídos para perto daqueles que contribuem para a devastação da sociedade. Nas zonas próximas ao centro da Terra, muitos espíritos mantêm-se presos às necessidades físicas. Mal orientados, cheios de ódio, presos ao passado, sentem fome, perambulam perdidos pelos arredores das furnas, locais profundos com o aspecto de uma garganta humana, mas com dimensões estratosféricas. Esses locais foram formados por mentes poderosas, espíritos ainda pouco evoluídos que pretendem controlar a mente dos seres humanos, isto é, espíritos sem o conhecimento do bem. Nesses locais, o ambiente é fétido. As gomas e raízes de árvores apodrecidas compõem a paisagem.

Luiza conhecia aquelas zonas de tristeza, sabia quanto poderia sofrer. Após o doloroso desencarne, onde deixou o corpo por sua própria culpa, foi jogada na fogueira da Vila em que vivia. Fez acordos com a igreja local, deixando de seguir os preceitos da religião católica. Formou-se ao seu redor imensa nuvem de vibrações deletérias. Partiu deixando seus pais em estado de prostração e alienação mentais. Suas eternas maledicências e manipulações fizeram com que eles perdessem a consciência no final de suas vidas. Deixou de orar, revoltou-se e partiu para encontrar seu amado (Jamil).

Nos primórdios da Idade Media, ela havia se desentendido com sua irmã e, com as dores e ciúme exacerbados pela tristeza vigente, acovardara-se, denunciando a fuga desta com o homem pelo qual ela havia se apaixonado. Não sabia quanto isso a prejudicaria no futuro. Dentro de um contexto negro, envolvida pelos pensamentos densos de uma época triste da história, Luiza criara para si mesma dívidas de extrema importância.

Ao reencontrar Jamil naquela existência novamente, casado com aquela que fora sua irmã na Idade Média, decidiu fazer de tudo para tirá-lo dela, agregando para si mais desencantos.

Irmãos devotados, trabalhadores do Senhor, mantêm-se em trabalho de socorro nesses locais. O bem é paciente, compreende e prevalece quando o arrependimento contamina a alma.

Dona Lucinda estabeleceu contato com alguns destes pobres espíritos. A quantidade de ódio em seu coração propiciou-lhe experiências terríveis em encarnações pregressas. Sabendo que não poderia lutar contra seus enganos, entregou-se a espíritos que a conduziram a esses locais no momento de seu último desencarne, por isso andava acompanhada de tais entidades.

Desde que reencarnou, tem sido acompanhada por um guardião espiritual que tenta induzi-la ao bem.

Deus é magnânimo, envia auxílio e novas chances aos homens. Esse espírito bom que a acompanha teve forte ligação amorosa com ela no passado. Por isso, prontificou-se a ficar ao seu lado.

Toda pessoa tem um espírito de luz responsável, um guardião que a acompanha desde o nascimento. Algumas vezes, esses espíritos se afastam porque tentam auxiliar seu protegido, mas não têm acesso aos seus pensamentos por estes estarem nublados pelas influências das trevas.

Dona Lucinda encontrava-se atormentada por esses seres violentos e vingativos. Seus pensamentos ficavam a cada dia mais perversos, e a influência negativa pode levar uma pessoa à morte.

O tempo passou e Júlio permanecia orando por ela.

Jacira, moça triste, maltratada pelos brancos, sentia-se bem ao lado de Rafael, por isso logo que acordou no plano espiritual partiu à sua procura. Seus amigos da espiritualidade maior não tinham o direito de impedi-la, por se tratar de seu livre-arbítrio.

Na adolescência, fora submetida a terríveis castigos no tronco, onde permaneceu por diversos dias e noites. Na ocasião de sua última surra, perdeu os sentidos e partiu para o outro Plano, deixando o corpo sem consciência.

Júlio, que se encontrava nos arredores da Casa Grande, pediu a Jacira que o acompanhasse de volta ao hospital espiritual, o qual deixara tão repentinamente. Sua mente nunca descansara por completo, sonhava constantemente com Rafael. Inconscientemente, seu espírito o identificara. Nas últimas vezes em que se viram, ela percebeu algo em seu olhar, conhecia-o há mais tempo.

Rafael guardou-a em sua lembrança, sentia-se culpado por sua partida prematura, e com isso os dois restabeleceram o contato.

Durante a permanência de Rafael no Rio de Janeiro, muitas coisas passavam pelo coração de Jacira.

Por que Rafael pensava fixamente naquela outra mulher? Ele não a reconhecia? Podia perceber seus fortes sentimentos? Sentia-se relegada.

Pressentindo a aproximação de Araritaguaba, Jacira tentava sacudir e abraçar Rafael. Júlio, apesar de estar ali acompanhando sua protegida, dona Lucinda, queria auxiliar aquela menina perdida. Jacira não compreendia por que Rafael não a via, porém ela percebia seus sentimentos. Por que tanta apreensão? Por que eles não estavam casados?

No plano espiritual, parentes e amigos pediam por ela; as vibrações emanadas do Alto têm uma grande força.

Júlio, imbuído de amor, quando observou a menina agarrada a Rafael, aproximou-se, assustando-a.

– Tenha calma, criança, venho em seu encontro para socorrê-la.

– Socorrer-me do quê?

– Percebeu que ninguém pode vê-la?

– Não me importo com os outros, preciso falar com Rafael.

– Olhe ao seu redor, as pessoas se modificaram desde sua partida, envelheceram... compreende? Observe Rafael, veja como se modificou, já não é mais uma criança...

– O que está acontecendo aqui, por que só você fala comigo?

– Estamos desencarnados. Lembra-se de alguma coisa? Um acidente? Uma queda brusca? Uma doença?

– Não estou desencarnada! Falo, sinto fome, caminho pelas ruas, como poderia estar morta?

– Não está morta, apenas está despojada do corpo físico, mas a alma permanece viva, é imortal.

– Não acredito nisso, tentaram me enganar naquele hospital onde acordei, disseram-me que estive dormindo por muito tempo.

– Venha comigo, levarei você de volta e lá poderá conversar mais detalhadamente sobre esse assunto. Logo tudo ficará claro.

– Não confio em você, o que faz aqui? De onde veio?

– Sou um espírito desencarnado como você, já disse.

– Prefiro continuar com Rafael, essa história não está me convencendo.

– Perceba a atmosfera, tudo é diferente no plano em que nos encontramos. Sua percepção fica mais aguçada. Lembra-se de ter ouvido os pensamentos de alguém enquanto se encontrava na Terra?

– Não.

– As portas do além-túmulo são o caminho da libertação do espírito. Deve perceber quanto tem se desgastado sem o cuidado apropriado a seu estado atual.

– Deixe-me segui-lo mais um pouco. Sinto muito a sua falta.

– No momento propício se reencontrarão no plano espiritual...

Enquanto isso, forte ligação se fez entre Júlio e o grupo que se mantinha em prece. Jacira estava cansada e confusa, dois amigos desencarnados desceram até a Terra e, com amor, colocaram as mãos em sua cabeça, acalmando-a. Jacira dormiu e foi levada de volta para o hospital espiritual.

Júlio, que passava ali por acaso, sentiu-se feliz com o resgate da menina. Ao menos podia ajudá-la, já que sua protegida o esquecera...

O cheiro peculiar da raça negra era motivo de repulsa para algumas pessoas. Dona Lucinda pretendia afastar a senzala da Casa Grande; os escravos de casa usavam Minâncora nas axilas e carregavam cravo e canela nos bolsos.

As mucamas, cientes de sua perturbação, acautelavam-se ao entrar em seu quarto para ministrar-lhe remédios.

No domingo ela acordou mais irritada, sabia que sua nora iria à missa com seu filho e, apesar de ter apoiado a ideia de Jamil, contorcia-se de ciúme.

Capítulo XV

Uma das mucamas entrou com o café da manhã; carregando com cuidado a bandeja de prata, atravessou o vestíbulo, cuidando para que dona Lucinda não se aborrecesse. Madalena transpirava e tremia ligeiramente quando se aproximou de dona Lucinda. Dobrou-se para pousar a bandeja na cama, quando recebeu uma chicotada nas mãos.

– O que faz aqui? – perguntou dona Lucinda.

A escrava cerrou os olhos, encolheu os ombros e caiu ajoelhada perto da cabeceira da cama.

Ela, segunda filha de Eunice, fora colocada na Casa Grande por intervenção de Marieta, que sabia quanto a mãe se preocupava com a filha, fruto de um relacionamento com um dos escravos da senzala.

Madalena era ajudante de Joana na cozinha, assim estaria longe de qualquer perigo.

Naquela manhã, estavam todos ocupados, então designou-se que ela levasse o café para cima. Com o susto e o terror que sentia, não conseguiu se controlar e o odor de sua pele espalhou-se por todo o quarto assim que abriu a porta.

–Vim trazer-lhe o café, senhora.

– Saia imediatamente daqui e retorne à senzala que é e sempre será seu lugar. Não vou aturar este desleixo, não toma banho e ainda não consegue carregar uma bandeja corretamente.

– Chame Joana, já!

Madalena despencou da escada e logo chegou à cozinha, atordoada e chorando.

Joana correu para cima à procura de dona Lucinda; sabia o que significava um aborrecimento para ela.

O tronco seria utilizado naquele dia.

Marieta não estava na casa e Madalena era sua protegida, por isso a sogra não perderia a oportunidade de se vingar da nora.

A porta do quarto estava entreaberta, as cortinas mantinham-se fechadas, o ar era pesado. Joana aproximou-se de dona Lucinda, fez rápida reverência e foi logo justificando o erro de Madalena. A menina era nova e não tinha muita prática no exercício de sua função; a falta fora de Joana, deveria ter enviado outra pessoa para servi-la.

– Joana, não aceito desculpas. Quero essa menina no tronco imediatamente, chame sr. Jorge aqui.

– Dona Lucinda, não me atrevo a discutir suas ordens. Tenho muito respeito pela senhora, mas a culpa foi minha e não dela. Coloque-me no tronco, poupe a garota.

– De maneira alguma, sou justa, logo sigo a minha consciência.

Joana deixou o quarto desolada, compreendera que sem intenção havia dado uma chance de vingança a dona Lucinda.

Marieta pedira que ela não se descuidasse de Madalena e agora tudo estava perdido...

Sr. Jorge entrou na casa grande pisando duro, tinha um ar de satisfação em seu rosto. A patroa não o chamaria ali somente para uma conversinha, o dia seria bom.

Com o chicote preso ao cinto, preparava-se para subir a escada, quando Joana fez um sinal e pediu que a acompanhasse até a cozinha.

As escravas da cozinha estavam do lado de fora, Joana queria uma conversa discreta, sem interferências.

– Como anda, sr. Jorge? Não tive o prazer de sua presença em casa este mês.

– Joana, não tenho tempo para lorotas! O que quer comigo?

– Sabe que dona Lucinda detesta o odor dos negros, não é?

– Todos sabemos... e o que tenho eu com isso?

– Dona Lucinda não gostou do cheiro de Madalena hoje quando ela lhe servia o café.

– E daí?
– Deve-me alguns favores desde que o curei daqueles delírios noturnos. Lembra-se do que via? Lembra-se dos teus pesadelos? Rezei por você e tudo desapareceu, não? Pois peço que tenha compaixão por Madalena e convença dona Lucinda a não castigá-la.
– Não tenho nada com isso, devo fazer meu trabalho. Deixe-me em paz, não lhe devo nada, negra velha.

Sr. Jorge aproximou-se de dona Lucinda com ar de respeito, torcendo para colocar as mãos na outra filha de Eunice. A primeira havia lhe escapado e ele mal podia esperar para vingar-se daquela negra despeitada.

D. Lucinda ordenou-lhe que executasse logo o castigo. Queria que Marieta chegasse em casa já com o fato consumado.

Eunice, que cuidava das crianças negras enquanto suas mães estavam no cafezal, soube da ocorrência e correu para a Casa Grande. Pretendia colocar-se na frente do capataz, implorar por misericórdia, daria sua vida para não ver Madalena no tronco. Chegou tarde...

No pelourinho, reuniram-se os escravos da casa e alguns ajudantes que lavavam os cavalos na manhã de domingo.

A aglomeração incitou ainda mais sr. Jorge.

Eunice correu para o pelourinho, mas foi jogada com violência para o chão.

Madalena tinha apenas 12 anos. Marieta a tomara como afilhada. Dizia ser madrinha da menina e proibira qualquer repreensão física contra ela.

Madalena sentia o couro e as esporas penetrando suas costas e a cada chibatada novas súplicas surgiam da aglomeração.

Eunice contorcia-se sentindo a mesma dor da filha, seu coração disparava, sua cabeça latejava, a respiração era entrecortada; com o suor escorrendo pelas têmporas, a mãe zelosa minguava pouco a pouco.

Sr. Jorge, que vibrava com tais espetáculos, vingava-se de Eunice. Fora rejeitado no passado e aguardava uma oportunidade para açoitá-la; castigar a filha seria a mesma coisa que a mãe, ou talvez; melhor.

Madalena perdia as forças, seu corpo pendia para baixo, a corrente de suas mãos era sua única sustentação. A menina chorava em silêncio; já presenciara outros castigos como aquele e pedia a Deus que desse forças à sua mãe.

Marieta distraíra-se com a aproximação das amigas, mas não tirava os olhos de Rafael.

Procurava por Jamil, mas voltando-se para trás não conseguia encontrá-lo. Onde estaria ele?

Na sacristia, enfiado no confessionário, ele e duas negrinhas divertiam-se enquanto seus capangas abordavam Rafael.

Rafael não se intimidou com as ameaças de Jamil, disse-lhe que sua estadia seria breve, pois muitas providências tinha a tomar no Rio de Janeiro; casar-se-ia em breve.

Jamil, que voltara para o lado de Marieta, recebeu a boa nova com prazer. As más línguas não teriam mais assunto; as dúvidas e controvérsias a respeito do seu bom relacionamento com Marieta seriam esquecidas, já que o suposto amante de sua esposa agora seguiria outros caminhos.

Marieta não teve como disfarçar seu choque. Jamil puxou-a pelo braço e sussurrou em seu ouvido.

– Contenha-se, querida, meu primo é livre, solteiro e bem-apessoado. Não pensou que o teria pela vida toda, não é?

Rafael inventou a primeira coisa que lhe veio a cabeça, pois precisava desviar a tensão de Jamil. Pretendia comprar alguns escravos da sua fazenda e esse lhe pareceu um bom motivo para que seu primo lhe vendesse alguns deles.

Logo conseguiria avisar Marieta de que essa notícia fora forjada para auxiliá-lo na execução de seu plano.

Sr. Almeida ansiava pela verdade sobre a morte de sua filha e seu pagamento daria a Rafael condições de desmascarar seu maior inimigo: Jamil.

Durante a viagem de volta à fazenda, Jamil e Marieta não trocaram uma palavra. Ela mantinha os olhos voltados para a paisagem, enquanto Jamil cochilava satisfeito.

A movimentação na fazenda não estava normal, além do que a temperatura mantinha-se alta. Aquele verão estava especialmente quente.

A charrete conduzida por Tião, que passara a ser homem de confiança de dona Lucinda, estacionou na entrada da casa. Marieta sentiu-se nauseada e um leve tremor em suas pernas derrubou-a ao chão.

Joana correu para ampará-la e também prepará-la para a notícia da morte de Madalena.

Um choro triste e abafado vinha da cozinha; o cheiro da casa estava diferente: barro, lama, sangue, tudo se misturava ao clima de horror que se espalhara no ambiente. Marieta pressentira algo ao passar pela porteira da fazenda.

Joana e outros dois escravos da casa ampararam-na enquanto Jamil vinha distraído pelas lembranças de sua diversão na sacristia da igreja.

Com os olhos baixos, as mãos entrelaçadas, na ânsia de pedir-lhe perdão, Joana pediu para Marieta sentar-se.

– O que houve aqui, Joana? A casa parece estar vazia, seus olhos não me enganam. Diga-me o que está acontecendo.

–Marieta, pedi a Madalena que levasse a bandeja de café da manhã para dona Lucinda. E...

Um grito de desespero veio do quintal e Marieta encontrou sua amiga debruçada soluçando sobre o corpo de sua filha. O sangue ainda escorria pelos degraus do pelourinho. O rosto inocente de Madalena deixava transparecer a grande dor que sentira.

Sr. Jorge pedira reforço para afastar os escravos que viriam tentar vingar-se dele. Uma corrente humana fora feita ao seu redor, mantinha-se próximo, mas bem protegido.

Os gritos de Eunice podiam ser ouvidos do quarto de dona Lucinda, que se felicitava pela grande ideia. Ela não era mulher de perder oportunidades.

– Eunice!!!!

– Minha filhinha, meu Deus. O que será de mim agora, não conseguirei viver....

Instintivamente, Marieta correu para agarrar sr. Jorge. Não conseguiu se conter. A cena era brutal, as escravas choravam baixinho, solidarizando-se com a mãe de Madalena. Muitas já eram mães e sabiam que seus filhos corriam o risco de ter o mesmo destino.

Jamil conteve Marieta, agarrou-a pelo braço com força dirigindo-a para dentro da casa. Ele sabia quanto Marieta sofreria com aquela cena; sua amiga de infância havia confiado sua filha a ela. Além do que, uma rebelião poderia ser iniciada a qualquer momento e o que ele menos precisava era chamar a atenção dos outros fazendeiros.

O dono da Fazenda Estrela d'Água teve seu primeiro ato de bondade: ordenou que retirassem o corpo dali, autorizando uma cerimônia de despedida de acordo com a religião dos escravos.

Pediu a Tião que resolvesse todos os detalhes. Sr. Jorge estava muito desgastado perante seus escravos.

Quanto a Eunice, chamou Joana e pediu que a acompanhasse até a senzala e, se quisesse, poderia administrar-lhe suas ervas.

Joana temia pela saúde de Eunice.

Marieta entrou na casa arrastada, lamentou muito ter casado com aquele homem fraco, que de homem nada tinha. Sua mãe o manipulava, com certeza ele também não era feliz.

– Devo avisar-lhe que este acontecimento não vai passar despercebido. As autoridades serão informadas, cuide-se.

– Querida, sua inocência me surpreende. Contente-se em acompanhar daqui o ritual de transpasse da menina. Não sairá desta propriedade tão cedo.

– Isso é o que veremos.

Marieta deslocou-se rapidamente para a escada agarrando uma escultura de bronze. Na parte superior da casa, dona Lucinda ouvira o bate-boca, deliciava-se com as brigas do casal.

A porta do quarto mantinha-se semiaberta, passou pelo vestíbulo sentindo um ódio mortal, seus olhos estavam esbugalhados, sua respiração era rápida e silenciosa.

Dona Lucinda fingia dormir, sabia que seu filho logo iria encontrá-la. Marieta lançou a escultura pregada em suas mãos e valendo-se da surpresa conseguiu atingir sua sogra nas pernas.

Jamil, que vinha logo atrás, levantou Marieta do chão jogando-a para trás. Ele correu para socorrer sua mãe que teve o joelho fraturado.

Marieta ainda estava fora de controle; levantou-se, pulou nas costas de Jamil, que estava debruçado sobre a mãe, dando-lhe socos e pontapés. Tudo tentou para acabar com eles.

Os poucos escravos que estavam na casa subiram, temerosos, sem saber bem o que fazer.

Sr. Jorge estava em sua casa. Tião acompanhava os preparativos do enterro. Os capangas de Jamil perderam-se sem comando. A confusão foi tal que alguns escravos aproveitaram para fugir.

Marieta foi atirada novamente ao chão perdendo os sentidos. Foi acordada por dr. Antenor que fora chamado para cuidar do ferimento da sogra dela.

Capítulo XVI

No seu quarto, somente a cama...

Os móveis foram retirados, a cômoda com a imagem de Nossa Senhora havia sumido. A revolta tomou conta de Marieta novamente. Algum dia voltaria a ser aquela pessoa doce do passado?

Sucumbira ao terror no qual vivia há anos. Tomou uma decisão perigosa, que poderia estragar-lhe a encarnação.

Nos dias precedentes, Marieta, trancada no quarto, aguardava uma chance de encontrar-se com padre Bento. Havia aprendido muito com aquela família prepotente, iria utilizar os mesmos métodos de dona Lucinda, mas não contra outros e, sim, contra ela mesma. Aproveitaria sua doença para prendê-la para sempre na cama. Os escravos de sua confiança a ajudariam, já perdera muito tempo sem nada fazer contra os assassinos de seus pais.

Sentia-se abandonada por Deus. Sem que percebesse, afastava-se pouco a pouco dos seus protetores espirituais. Suas atitudes e pensamentos levavam-na a perder o equilíbrio.

Desde que fora apartada da companhia de Rafael, vinha se revoltando mais e mais.

Na Casa Grande o ambiente não era saudável, pois as atrocidades executadas ali transformavam a energia do local.

Joana orava constantemente por aqueles espíritos devedores, mas a imagem de uma guerra se fazia presente.

Os olhos de Marieta se transformavam pouco a pouco. O brilho, vivacidade e esperança de outrora iam se perdendo, permaneciam escondidos atrás de imagens nebulosas.

Sem nem mesmo atinar para as dificuldades, no fundo de sua alma ela compreendia pelo que estava passando. Por diversas vezes fora encaminhada ao Plano Espiritual enquanto seu corpo dormia para restabelecer suas energias físicas, mas, ao retornar ao corpo físico, esquecia-se dos conselhos recebidos.

Os espíritos recebem oportunidade de aprender e testar o que lhes foi orientado e transmitido quando se encontram no Plano Maior.

Marieta, que havia se encontrado com Jamil em algumas vidas pregressas, adquirindo dívidas morais, sentia-se obrigada a reencontrá-lo para reparar seus erros.

Durante sua permanência no Plano Maior, sentia-se fortalecida para reencontrá-lo no planeta Terra.

Na Galileia, no século VII, ambos se encontravam em lados distintos. Jamil, chefe de Estado, encantou-se com sua beleza e, mesmo compreendendo que ela já pertencia a outro homem, fez de tudo para tê-la. Marieta, que possuía outro nome naquela encarnação, cedeu aos caprichos dele sem pensar nas consequências.

Seu esposo, na época seguidor dos preceitos de Cristo, tomou consciência da traição, mas não conseguiu matá-la. Marieta poderia ter sido apedrejada nas ruas; mesmo consciente de seus direitos, deixou que ela continuasse a viver em sua casa, mas teria de assumir as obrigações das escravas da casa.

Marieta então passou a servi-lo; fora obrigada a aceitar sua nova esposa, tendo de respeitá-la. Arrependera-se de seu erro, reconhecendo o imenso amor que nutria por seu marido. A partir de então, alimentou a revolta e ódio por aquele homem, o chefe do Estado Maior (Jamil).

Algumas passagens fortes ficam gravadas em nossa memória e, mesmo depois de muito tempo, já tendo vivido outras encarnações, o trio ainda se via envolvido.

O médico recebeu ordens para tratá-la, pois sua presença era necessária – teria de participar dos acontecimentos sociais.

Marieta perguntou por Eunice, mas dr. Antenor não lhe esclareceu nada, mantendo-se calado todo o tempo.

No dia seguinte, Marieta recebeu água, pão e queijo. Joana não podia aproximar-se dela, por isso outra escrava entregou-lhe a bandeja, saindo rapidamente.

Rafael recebeu a notícia da morte de Madalena, logo que dois dos escravos fugidos da fazenda foram encontrados por seus amigos, próximo a um córrego já bem distante da fazenda.

Na senzala, Eunice mantinha-se encolhida no chão; há vários dias não comia, pouca água bebia, seus olhos mantinham-se distantes, sem vida.

Jamil dera ordem para deixá-la como estava. Ela não precisaria de castigos, em breve estaria embaixo da terra, fazendo companhia à sua filha. Assim pensava Jamil, um tanto preocupado. Após a morte de Luiza, alguma coisa havia se modificado dentro dele, mas ele ainda não se dera conta.

Padre Bento visitava dona Lucinda com frequência, ambos eram próximos, tinham muito em comum. A sua sociedade fora bem estabelecida, as regras da divisão dos lucros foram discutidas por ambos. Até aquele momento, tudo corria bem: os lucros com o tráfico e com o contrabando de pedras preciosas estavam acima das expectativas.

Minha sogra tinha seus ganhos, meu marido não desconfiava disso.

No quarto, trancada mais uma vez, tive tempo para refletir sobre diversos assuntos. Minha vida havia se transformado em um inferno, todos que se aproximavam de mim recebiam um castigo ou eram injuriados. Sentia-me só, vazia, sem esperanças. Nem mesmo as crianças participavam do meu dia a dia. Minha única alegria fora Madalena, desde que ela nasceu percebi a forte ligação de nossas almas. Eunice era uma mãe amorosa, ela entregou sua filha a mim e eu não fui capaz de protegê-la...

Madalena partiu deixando muita dor em nossos corações; seu espírito já despido do corpo carnal fora encaminhado com carinho à colônia espiritual onde vários familiares a aguardavam.

Na sua penúltima existência, Madalena fora uma pessoa de muitas posses e perdera-se por não saber usar este empréstimo do

Senhor para auxiliar os necessitados. Não desenvolveu a caridade, passou a vida anterior de forma egoísta, pensando somente em seus filhos. Queria o melhor para ela e seus familiares. Prejudicou o próximo para adquirir mais e mais poder, carregando tachos cheios de ouro, guardando seu tesouro embaixo das tábuas de sua casa. Ao desencarnar naquela existência, pensava ter levado sua fortuna para o céu. Não conseguira desprender-se dos bens materiais.

Ao voltar para a nova existência, sabia que sua permanência na Terra seria breve, percebeu suas fraquezas analisando esta encarnação. Os débitos de outrora levaram-na a pedir uma vida de sacrifícios para que pudesse evoluir. A dor, humilhações, perseguições lhe foram impostas para que essa experiência fosse lembrada para sempre. Seu arquivo mental insistia em retornar aos mesmos erros.

Sua mãe comprometera-se a trazê-la, sabia que correria riscos; os antigos inimigos desencarnados de Madalena a perseguiriam aqui na Terra.

Os débitos contraídos por ela quando habitara a Europa ocidental prejudicaram sua evolução espiritual. Nas vidas subsequentes, teve imenso trabalho com seus próprios erros. Desviava-se com frequência dos planos traçados pelos espíritos responsáveis por suas encarnações. Demoramos a nos reencontrar. Seus apelos, quando se encontrava na espiritualidade, eram sempre ligados a Jamil e eu. Na época feudal havíamos tido desavenças relacionadas à posse de terras; seus antepassados detinham terra produtiva e nossa família resignava-se a trabalhar no arado. Madalena, que tinha outro nome na encarnação citada, exigia tudo o que produzíamos e consequências graves ocorreram. Meu marido degolou-a e em seguida foi condenado à morte. Eu passei a mendigar pelas estradas e em pouco tempo retirei-me daquela vida.

Ao reencontrar-me com Madalena, no plano maior, tive a chance de compreender os acontecimentos. Com esforço, passados alguns anos, convivendo e trabalhando juntas nas câmeras de recepção dos desencarnados, perdoei-a e prometi encontrá-la em diferentes situações nas suas novas encarnações.

Jamil, que não era espírito de se arrepender naqueles tempos, postou-se em sua frente e prometeu vingar-se das mazelas sofridas por sua causa. Jamil não sentira remorsos por tê-la degolado e jamais lhe pedira perdão.

Com os olhos cheios de lágrimas, trancada novamente em meu quarto, percebia minha sensibilidade extrassensorial se expandir e eu captava as vibrações enviadas pelos meus amigos da espiritualidade maior. Sentia-me forte, recebia amor e coragem. No quarto vazio, contentava-me em avaliar meus erros, repensar e perceber minha falta de tato com Jamil e minha sogra. Rogava ao Senhor que me desse uma prova da vida além da morte. Refleti sobre as dificuldades e a falta de uma criança para me consolar e alegrar meus dias. Sofrimento, revolta e impaciência eram as marcas que carregava. Por que não tivera eu a sorte de contrair matrimônio com o homem eleito por meu coração?

Merecia todo aquele sofrimento? O que aprendera com aquilo?

Sentados nas escadas externas da Casa Grande, meus alunos aguardavam para me ver.

Jamil mantinha-se ao lado da mãe, dos corredores escuros ecoavam vozes sofridas. Não podia definir se eram deste ou do outro mundo. As vozes eram tão claras e reais...

Madalena havia cumprido com seu comprometimento, por isso acordaria em breve na vida maior.

O que restaria para mim?

Onde encontrar paz? Como suportar aquelas dores? Sentia como se houvera carregado por muito tempo esse sentimento de ódio que exprimia com tanta facilidade para minha sogra e meu marido.

Novos caminhos, novas esperanças surgiriam. Poderia me recuperar um dia?

Na vila, Rafael tentava saber como iam as coisas na fazenda Estrela d'Água. Os acontecimentos foram logo divulgados, alguns negros alforriados formaram uma roda e com fé e simplicidade pediam proteção aos seus familiares e amigos, que permaneciam presos nas fazendas de café.

No quilombo, próximo à fazenda, as mulheres choravam, as crianças eram orientadas a se manterem perto de suas mães, os negros se sentiam impotentes, perdidos. As atrocidades continuavam, os capatazes faziam o que queriam e como bem entendiam. Era um país sem leis.

Dona Lucinda mantinha-se com os olhos entreabertos, meu castigo inspirava-lhe mais. Jamil permanecia a seu lado.

Júlio, o espírito protetor de dona Lucinda, chegara há pouco no quarto. O amor e a ligação de filho e mãe abriram um túnel de luz facilitando a aproximação dos trabalhadores da espiritualidade.

Alguns acompanhantes desencarnados de dona Lucinda começavam a se arrepender e tomar consciência da conduta errada. Muitos haviam acompanhado a morte de Madalena. O cansaço e falta de energia fizeram com que eles sentissem a dor de sua mãe, o desespero e o que lhes ocorreria no futuro se não deixassem as mágoas para trás. Fizeram com que percebessem alguns enganos. O algoz de ontem é o cordeiro de hoje.

Na espiritualidade, a Terra era cultivada, ervas colhidas na hora mantinham o seu frescor e Madalena foi recebida com carinho.

Um buquê de acácias amarelas fora colocado na cabeceira de sua cama na enfermaria. Marcos, que se mantivera no plano espiritual, a acompanhara agindo como guardião nesta encarnação, não reencarnara; estariam ligados pelo amor que os unia. Almas gêmeas, comprometeram-se um com o outro. As dores não seriam lembradas, recordações de épocas felizes eram as recomendações.

Marcos iniciou tratamento de restabelecimento do perispírito de Madalena. Água fluidificada era colocada nas feridas, sua pele espiritual se recuperaria em breve. Quando o espírito deixa o corpo em situação como a de Madalena, o perispírito tende a reproduzir as mesmas impressões do corpo físico, pois ambos ainda se mantêm ligados pelo pensamento, corpo físico e perispírito. O hábito permanece por algum tempo, ocorre a adaptação para o corpo menos denso e com isso se dão a modificação vibratória e a acomodação da mente espiritual. A conscientização é gradual, da mesma maneira que ocorre na Terra ao sairmos de uma doença.

Um dos espíritos que acompanhava dona Lucinda recordou-se de sua morte por volta de 1812. Seus pensamentos eram terríveis, havia sofrido uma morte bruta como a de Madalena.

Ao presenciar a cena de seu desencarne, voltou a sentir o couro molhado amarrado em seus braços, o sol causticante queimando sua pele e estirando as tiras de couro que se estreitavam para perto dos troncos e puxavam com força seu corpo. A sensação era de que o corpo estivesse dividido ao meio: demorou semanas até desencarnar naquela vida.

Ele havia reconhecido Marieta e Rafael durante seu encontro na gruta. Sabia que os dois deviam muito e fez de tudo para prejudicá-los. Espíritos vingadores utilizam sua liberdade, sua facilidade de se deslocarem, para influenciar os encarnados por meio de sugestões. No mundo em que vivemos, a carga de débitos é imensa. O homem pode escolher um dos lados, o bom ou o mau. Condensam-se pensamentos na mente humana e ao deixar o corpo físico os problemas continuam.

Esse espírito partilhava as ideias de dona Lucinda, por isso conseguia influenciá-la constantemente. Ao deixar a Terra, esse espírito aproveitou-se da ganância de Tião oferecendo-lhe certa noite, quando se encontravam despertos no plano espiritual, os baús de ouro que lhe haviam pertencido e estavam escondidos na fazenda.

Ao voltar ao corpo, Tião não se lembrava mais de sua conversa, mas guardava uma sensação de prazer, contentamento. Decidiu mostrar o local do esconderijo para onde os negros seriam levados na festa de Domingo de Ramos, enquanto o comparsa desencarnado soprava as mesmas ideias para Jamil. Comunicou-se com ele durante seus desprendimentos noturnos, revelou-lhe situações, contou-lhe sobre as joias roubadas por Rafael e Marieta quando se encontravam encarnados em Algecira, Espanha. Tendo participado da vida outrora citada, conseguiu abrir caminho para incitar Jamil. Quando ainda jaziam encarnados em Algecira, Marieta prometera-lhe amor eterno quando, na verdade, pretendia fugir com Rafael. Marieta e Jamil se casaram e ela fugiu com Rafael e todo seu tesouro. Esse espírito feroz e vingativo fez muitos estragos, pois Jamil voltava ao corpo, após a noite física, revoltado. Não se lembrava do que vira ou percebera, mas conservava a ira da noite. Acordou muitas manhãs ao lado de Marieta sentindo um ódio incontrolável.

Capítulo XVII

Aos 30 anos, eu já não podia suportar aquela vida. Vencida pelo cansaço, recorri ao padre Bento. Sabia que ele tinha ligações com minha sogra e pedi-lhe que me auxiliasse a desvendar suas trapaças; com isso eu teria como provar que era a única herdeira daquelas terras.

Padre Bento era muito bem relacionado e eu precisava oferecer-lhe mais do que ela, sua sócia. Eu não tinha certeza do que eles faziam, mas acompanhei muitas visitas suas enquanto Jamil se mantinha enfeitiçado por Luiza. No escritório de Jamil, encontrei alguns rabiscos de contas com números bem elevados; guardei os papéis para qualquer necessidade.

Consegui atraí-lo para meu quarto com a desculpa de me confessar. Passados alguns meses, eu conseguira convencer Jamil de que precisava voltar a usar minhas roupas, participar das ocasiões sociais comparecendo às missas e tudo o mais. Meu quarto voltou ao normal, a imagem de Nossa Senhora me protegia e eu tinha novos planos. Apesar da tristeza e solidão, algo me levava a crer que não podia desistir da vida.

Padre Bento pesquisou na cidade sobre a veracidade de minhas afirmativas e decidiu perguntar-me qual seria a oferta.

– O senhor sabe que não ligo para estas terras, não é?

– Não sei não.

– Pois então lhe digo, desde que nasci preocupo-me com os escravos e gostaria de libertá-los. Sei que o senhor não concorda com esta ideia, mas quero propor-lhe um acordo.

– E qual é?

– O senhor me conta o que vem fazendo com dona Lucinda, sei que tem alguma sociedade...

– Não devo nada a você, muito menos àquela senhora.

– Padre Bento, vim até aqui hoje para confessar-me. O senhor pode sossegar. Ninguém vai desconfiar de que estamos conversando sobre outras coisas. Podemos marcar um dia toda a semana até que tenha me revelado tudo. Claro que só aceitarei qualquer revelação com as provas condizentes.

– Você ainda não me disse o que vou ganhar.

– As terras de papai são imensas, valem muito. Dona Lucinda e Jamil apossaram-se de meu patrimônio; se eu provar que ambos fazem negócios, como tráfico de escravos ou qualquer outra coisa, terei um trunfo nas mãos e poderei recuperar meu patrimônio. Dou-lhe boa parte das terras logo após ter alforriado todos os escravos da fazenda. O que acha? Melhor do que o acordo que tem com dona Lucinda?

– Não acreditam em mulheres e seu marido é bem poderoso, a senhora não conseguirá nada com isto.

– Padre Bento, garanto que consigo.

– Desta vez a oferta é bem apetitosa, preciso pensar um pouco nesta loucura.

Dos últimos degraus da escada, Jamil acompanhava atento as mucamas que circulavam pela sala. Os últimos tempos haviam sido cansativos, sentia a falta de Luiza.

Conferiu a contabilidade da fazenda, verificou a planilha de escravos, percebeu que seu estoque de negros ficara reduzido, talvez devesse trazer mais africanos para o Brasil.

Com os gastos eu não precisava me preocupar, tudo era controlado por sua mãe.

Aplicações de risco ele havia feito no Banco do Brasil. Esperava ter grandes lucros em breve.

Como Jamil pôde se tornar um homem tão calculista.

Ao retornar à fazenda, aconcheguei-me em meu lugar predileto. Balançando na cadeira de balanços, recordava lembranças da infância.

Aos domingos colocava meu melhor vestido, mamãe trançava meus cabelos finalizando-os com laços de cetim brancos. Meus sapatos brancos eram colocados somente na hora de ir à missa...

Bailando pelas memórias senti o perfume de mamãe, percebendo forte presença a seu lado. Dona Maroca recebera autorização para me visitar. Eu voltara à infância por influência de mamãe que tentava fazer-me perceber como o amor é importante e que a vida poderia se transformar com o perdão.

Demorei algum tempo ainda deleitando-me com as imagens que surgiam em meu pensamento. Naquela manhã em que eu havia falado com padre Bento, estava acompanhada pelo espírito de minha mãe, que se preocupava com a minha revolta.

Poucos dias antes, Jamil percebera o meu comportamento e ordenara a sr. Jorge que pusesse um escravo de sua confiança a seguir-me.

Rafael, prevendo as represálias, continuava a evitar encontros comigo.

Na colônia espiritual onde vivia desde seu desencarne, dona Maroca permanecera até se recuperar do choque do desligamento corpo e espírito.

Levou algum tempo para se reequilibrar, não podia pensar na filha que o choro vinha como um vulcão. Precisou retomar sua consciência devagar, os ligamentos de sua mente espiritual foram se conectando gradativamente. A ligação de Jamil e Marieta não era nova. Outras vidas tiveram. Juntos permaneceram até que Rafael aparecia. Este triângulo amoroso era antigo, desavenças foram recordadas. Ela compreendia que sua filha deveria perdoar Jamil e que os sentimentos alimentados por sua sogra eram concretos. Os intervalos entre vidas foram diminuindo até que os três se reencontraram na fazenda Estrela d'Água.

Filhos e netos seriam bem-vindos, Marieta recusou-se a tê-los com Jamil. Os laços familiares enfraqueceram-se com a partida prematura do Barão, seu pai. Como poderia dona Maroca auxiliar sua filha? Estava desencarnada e não podia ser vista, nem ouvida.

Na espiritualidade contou com vários irmãos que participavam desta história há tempos. Puderam esclarecê-la sobre as dificuldades de cada nova jornada na Terra, como os enganos, protagonizados pelo livre-arbítrio, devem ser tomados para si. Só assim reaprenderiam a caminhar com as próprias pernas.

Nas curvas do caminho, muitos se ressentiam, alguns desistiam e outros nem chegavam a iniciar seu aprendizado.

Desde a infância, Jamil apercebera-se de seu senso crítico e da habilidade para identificar boas oportunidades.

Com o passar dos anos, ele já não reconhecia em si sua firmeza, seu modo inabalável de enxergar a vida.

Nos últimos anos, Jamil, apesar de seu empenho, já não tinha tanta certeza de seus propósitos; desde que sua amada partira, suas decisões embaralhavam-se em seus pensamentos, seu tino comercial e empreendedorismo o haviam deixado.

Os sentimentos mesclavam-se às decisões práticas. Sua percepção da realidade modificava-se sem que ele tomasse consciência completa do seu destino.

Quando parti à procura de Rafael, sua mãe continuava acamada, seus capangas passaram a me obedecer, o padre Bento havia aceitado minha proposta, comunicando aos capatazes que dona Lucinda estava apodrecendo na cama e que novas ordens viriam de um suposto senhor, antigo conhecido de Jamil.

As ordens partiam de mim. Meu ódio e revolta sustentavam minhas decisões, meu coração ficara de lado e eu agia como um homem. As mulheres não eram valorizadas e por isso resolvi fingir estar alheia aos acontecimentos. Perante os escravos da casa nada falava. Joana pressentia algo de errado, sua intuição era forte. Por diversas ocasiões tentou conversar comigo, tentava explicar-me as consequências de atitudes impensadas.

Com as rédeas na mão, mandei que prendessem Jamil na senzala e que sua mãe ficasse confinada em seu quarto.

Os negros não compreendiam de onde vinham tais mudanças.

O maior problema foi que eu, aquela moça cheia de ideais, perdi-me com a possibilidade de vingança.

Na manhã de 5 de setembro de 1852, os homens enviados por D. Pedro à província invadiram a fazenda Estrela d'Água.

Os móveis foram amontoados, os serviçais afastados e eu, a dona da fazenda, detida para averiguações.

Em meu último encontro com Rafael, após adverti-lo de que havia encontrado um caminho para aprisionar os responsáveis por nossa infelicidade fui aconselhada a desistir da vingança. Conversamos por longas horas, seu olhar profundo. Era tarde, minha consciência havia sido obscurecida por inimigos antigos, espíritos vingativos que se aproveitam de nossas fraquezas para manipular ideias. As preces, advertências e conselhos que recebi de Joana e de Sebastião, meu protetor espiritual, pouco me importavam. Fiquei cega, as perdas e dilacerações provocadas por meus familiares deixaram-me irascível.

As antigas amizades pouco me importavam, não mais conseguia discernir entre o bem e o mal. Os negócios ilícitos de dona Lucinda foram assumidos por padre Bento. Ele sentia-se protegido por sua posição na Igreja.

Para Rafael, eu havia perdido o juízo.

Ao amanhecer do dia eu já me aprontava com as antigas roupas encontradas no sótão; o chapéu de palha ficava na chapelaria, meus passos eram firmes e minha cabeça girava em torno da vingança.

Deixei que padre Bento tomasse conta do negocião de contrabando de escravos; na passagem pela capitania os navios vindos de Minas deixavam o ouro retirado por capangas de dona Lucinda no local combinado. Eram fortes as ligações entre lacaios e senhores de engenho. Da gruta, Tião passou a espreitar o caminho que os escravos tomavam ao encontrarem-se com padre Bento. Eu fui mais longe, arrisquei-me, tentava me lembrar como dona Lucinda procederia em situações como estas. Ofereci sociedade a Tião, parte do ouro seria dele. Corrompi pessoas que prometera ajudar quando estava ainda no plano espiritual. Deixei que o ódio e a revolta ditassem os meus passos. Tião roubou o contrabando de padre Bento, eu precisava de dinheiro para afastar sr. Jorge da fazenda.

Com o ouro nas mãos, mandei que Tião lhe oferecesse terras no Rio de Janeiro, o pretenso amigo de Jamil havia assumido a liderança dos negócios. Sr. Jorge nunca fora exemplo de lealdade, seus interesses particulares estavam acima de tudo.

À noite, pensando na minha vida, sentia um aperto no coração. Nada dera certo, tudo o que desejei não tive.

Desde nova percebia uma tristeza interior, um amor contido, não sabia bem o que era.

Passeando pelas minhas lembranças, deparei-me com o choro contido, com o desamor que me perseguira durante toda minha vida.

Adormecia pensando na tristeza que sentia, pedia a Deus que me iluminasse, pedia para me reencontrar com aquela jovem, a menina que guardei em mim. Sufocada, encurralada pelas torturas sofridas, não resisti, sucumbi, queria vingança. Não conseguia enxergar mais nada.

Encontrei-me com sr. Jorge na senzala, soube de sua recusa e decidi convencê-lo.

Era arriscado, Jamil estava preso, mas seu capanga poderia soltá-lo. Ao entardecer com os negros retornando do trabalho, acompanhada por Tião retirei as barras de ouro de trás do vestido e vi seus olhos brilharem. Mantive certa distância, conhecia suas trapaças.

O capataz de meu marido transfigurou-se, percebeu que Tião lhe falara a verdade. Passamos a combinar a data de sua partida, deixando bem claro que o ouro se encontrava com o tal senhor, que pretendia adquirir a fazenda. Disse-lhe que padre Bento era quem iria dar-lhe as barras e que tudo se encontrava bem escondido fora da fazenda.

Tião assumiria suas funções enquanto eu tentava justificar à sociedade o desaparecimento de Jamil e de sua mãe.

Nas mesmas correntes que fiquei, Jamil permanecia. Não tive dó, mandei oferecer-lhe pouca água para mantê-lo vivo. Adverti que ele deveria sofrer muito, então não poderia morrer.

Dona Lucinda era mantida com seu próprio veneno, doses diárias de cicuta eram administradas. A quantidade era controlada, recomendei todo o cuidado a sr. Almeida que nesta altura havia se mudado para nossa casa. Convidei-o quando nos encontramos em uma quermesse poucos meses após a morte de Luiza.

Desde tal ocasião trocávamos correspondências, ele me mantinha informada de seus progressos quanto ao esclarecimento da estranha morte de sua filha.

Quando consegui o acordo com padre Bento, pensei em algumas pessoas que haviam sido os inimigos de meu marido e sogra.

Cada um teria uma função. Lívia, madrinha de Luiza que morava na cidade, iria verificar as movimentações da igreja informando-me quem entraria e sairia de lá.

Sr. Almeida me ajudaria dentro de casa; Joana não aceitaria participar de meus planos e eu não confiava em mais ninguém.

Rafael recusara-se a me ajudar, mas alguns amigos seus propuseram-me a retirada dos escravos da fazenda pouco a pouco. Seriam encaminhados para quilombos e outros locais seguros de sua confiança. A princípio achei a ideia boa, afinal eu queria libertá-los, mas me lembrei que padre Bento tinha o controle das entradas e saídas dos negros da fazenda. Valiam muito para ele.

Convenci Joel, advogado amigo de Rafael, a esperar até que eu me organizasse melhor. Queria salvá-los, mas não podia arriscar minha aliança com padre Bento, que confirmava minhas desculpas em relação aos detidos.

De acordo com a contabilidade, os bens da família aumentavam dia a dia. Sr. Almeida recomendou-me discrição, Jamil era muito conhecido e deveria continuar com os costumes antigos.

Sr. Almeida ia ao Banco do Brasil todas as quintas, depositava dinheiro em espécie. Jamil havia cogitado dispensar seus serviços, mas não teve coragem; sempre que tentava, lembrava de Luiza e de quanto ela amava aquele pai. Contentando-se em administrar as contas, ele precisava retirar devagar o dinheiro da conta. Tinha livre acesso às contas de Jamil. Sr. Almeida, por sua vez, aguardava uma oportunidade para vingar-se daquele que retirara a vida de sua filha.

Nos dias subsequentes à prisão de Jamil na senzala, eu administrava a fazenda com a ajuda de Rafael. Ele não concordava com minhas atitudes, mantinha-se distante mas também não podia deixar de me ajudar. Tínhamos uma ligação intensa, éramos almas que se conheciam tão profundamente que não necessitávamos de muitas palavras.

Rafael permaneceu no Rio de Janeiro a princípio, mas com a enorme confusão em minha vida ele decidiu voltar a Araratiguaba.

Joel, um de seus sócios no escritório de advocacia do Rio de Janeiro, acompanhou-o. Apresentou-se na cidade como investidor. Procurava terras e Rafael se dispusera a ajudá-lo com a parte legal. Foi assim que Joel entrou na minha vida.

Aos poucos fui confiando nele e graças a seus recados conseguia me comunicar com Rafael, que permanecia a maior parte do tempo na cidade. Jamil não poderia permanecer muito tempo na senzala; suas aparições públicas deveriam continuar, mas como?

Sem saber o que fazer, recorri a Joana. Pedi que ela fizesse uma investigação nas fazendas dos arredores, queria saber o que pensavam os proprietários vizinhos. As mucamas eram as melhores pessoas para conversar, pois ouviam e acompanhavam tudo que os patrões conversavam.

Os acontecimentos mais íntimos podiam ser percebidos por ela. Joana saiu acompanhada por Tião; ela não se sentia segura com ele, mas eu lhe garanti que ele voltara para o nosso lado. Os olhos de minha alma estavam cerrados, meus pensamentos fixaram-se em duas pessoas, Jamil e minha sogra. Para mim, eles eram os únicos culpados de minha infelicidade.

Por diversas vezes fui alertada sobre os erros que eu vinha cometendo. No decorrer de meus desprendimentos terrenos, durante o sono, encontrava apoio e conselhos de meu espírito protetor. Ele acompanhara minha evolução espiritual e sabia que aquele era um de meus pontos fracos. Quando me deparava com antigos inimigos, não conseguia discernir entre o bem e o mal. Pensava ter sido sempre injustiçada. Havia tentado voltar à Terra em reencarnação anterior como filha dos dois; esta encarnação só me trouxe mais enganos, acumulei mais ódio, não os aceitei e impus a eles imensos problemas.

Quando retornava do plano espiritual, de volta ao corpo, esquecia tudo o que havia recordado na noite anterior. Meu cérebro entrara em um sistema de repetição e eu não usava meu coração, somente via injustiças ao meu redor.

Sabíamos que seria difícil, não pudemos resgatar as almas que nos prejudicaram no passado. Em Veneza no ano 1100, Rafael e eu reencarnamos mais ou menos com a mesma idade em famílias diferentes. A programação fora feita de modo a ajustar nossas contas com os familiares que nos acompanhavam. No auge do feudalismo estivemos. Mais uma vida para relembrar, mais um desafio a superar. Não sei o que venho fazendo nem mesmo sei o que devo fazer, refiro-me aos encontros com homens do meu passado. Vejo uma linha do tempo com diversas passagens, sinto as vidas se desenrolando à minha frente e ainda assim duvido da existência de outras dimensões. Aqui na fazenda percebo vultos de pessoas e de animais. O rugir de vacas onde só há plantação, o latido de cachorros nos rios, tapo meus ouvidos e continuo a ouvir. Acho que escuto com os ouvidos da alma.

Após meses de reclusão, obstruída pelos remédios que lhes eram administrados, dona Lucinda continuava inconsciente.

Jamil delirava, havia perdido o juízo. Eu não conseguia descobrir se sua loucura ocorrera por causa da prisão na senzala, pelos castigos impostos pelos escravos ou se pela imensa falta que sentia de seu único amor, Luiza.

As conversas na cidade começaram a incomodar Rafael, que me prevenira sobre as consequências de tais atitudes.

Na fazenda Estrela d'Água, os negros começaram a se alimentar com dignidade; trabalhavam durante o dia, mas tinham uma hora de almoço e terminavam suas obrigações por volta das 16 horas.

A limpeza da senzala era mantida pelas mães dos recém-nascidos que não podiam deixar de amamentar seus rebentos.

Minhas ordens eram seguras, mas sentia certa frieza. Durante poucos momentos pude perceber minha distância dos antigos ideais de minha juventude que invadiam meu peito. A vingança me fazia mal, por diversas ocasiões eu pudera sentir isto.

Por sugestão de Rafael que se fazia presente através do amigo que permanecia na fazenda para melhor localizar terras de seu agrado, fora Jamil quem o convidara enviando uma carta ao padre Bento. Desculpou-se por não ter ido pessoalmente ao encontro de tão ilustre visita, e na carta justificara sua ausência com discrição. O estilo de comunicação de Jamil não se parecia em nada com o meu, mas resolvi falsificar sua assinatura assim mesmo. Todos já desconfiavam de sua longa ausência. Precisava do dinheiro para manter a fazenda em ordem.

Ainda não sabia o que ia fazer, só sentia ódio e revolta.

Rafael havia me visitado algumas poucas vezes durante todo este período, eu me sentia só novamente. Com amor e delicadeza ele havia me comunicado sua decisão, não podia abandonar a causa dos negros, sabia que riscos eu corria. Nunca me abandonou por completo, Joel comunicava-se com ele duas a três vezes na semana. Eu o acomodara no antigo quarto de meus pais, ficava longe do quarto onde dona Lucinda repousava.

Não tive mais coragem de entrar em seu quarto. Às vezes, durante a noite, levantava e tentava ouvir sua respiração através da fenda da porta, mas não permanecia muito tempo ali, sentia mal-estar e nojo dela.

Os escravos contavam-me que seus aposentos tinham um odor estranho e que os móveis vez por outra faziam barulho de movimentação.

Joana continuava a rezar por ela e por mim, sabia que esta repulsa vinha de outras vidas. Percebera minha mudança de comportamento e pressentia a influência de antigos inimigos desencarnados.

As janelas da casa eram mantidas fechadas. Joana contara-me sobre as desconfianças dos vizinhos. As más línguas referiam-se a fazenda com descaso, não gostavam de Jamil. Ele sempre fora arrogante e prepotente, sentia-se melhor do que os outros.

Na câmara da cidade, sua ausência foi comemorada. Até seus pretensos amigos o abandonaram. Pouco se importavam com sua saúde ou segurança.

Nas vésperas do Natal de 1852, resolvi promover uma grande comemoração na fazenda. Os escravos receberiam roupas novas, as crianças poderiam participar da festa com seus novos trajes, limpos e bem engomados.

Bandeirolas eram penduradas entre as árvores; pequenos confeitos de chocolate enrolados em papel celofane colorido, arranjos em forma de cones recheados de doce de coco embelezavam a mesa colocada bem na frente da Casa Grande. Sucos de frutas coloridos foram dispostos de modo a chamar atenção dos pequenos que nunca haviam tido oportunidade de provar tais iguarias. Na cozinha, as escravas esmeravam-se no tempero do feijão que era preparado com pertences de porco para enriquecer o sabor e lembrá-los de que os ricos também provariam seus pratos.

Passei dias e noites em claro providenciando tudo o que deveria ser servido, assim como o que deveria ser tocado. Queria muita música, alegria e descontração no dia da festa. Lembrava-me das festas promovidas por meu marido e minha sogra e tentava a todo custo me esquecer de que eles ainda se encontravam na fazenda.

Joel advertia-me sobre o exagero nos cuidados com os negros, sabia que havia muitos deles que pareciam cordeirinhos mas que na primeira oportunidade colocariam um punhal em minhas costas.

Rafael chamou-me na cidade avisando-me sobre os boatos que corriam sobre a festa. Os proprietários de outras fazendas não se sentiam confortáveis com tantas regalias concedidas aos escravos. Temiam que uma onda de revolta se levantasse na região.

– Minha querida, pense bem no que vai fazer. Nossa causa é muito maior do que simplesmente oferecer um dia de alegrias aos escravos. Deve ponderar sobre o que vem acontecendo, não queremos chamar a atenção dos fazendeiros, nem dos políticos da região.

– Não posso mais esperar, tentamos por diversas vezes retirar os escravos da escravidão e nada conseguimos. Prefiro proporcionar-lhes um pouco de consolo a destruir-lhes as esperanças com fugas frustradas.

– Todo movimento vem sendo custeado por homens que iniciam a conscientização de seus direitos e deveres. Acredito na transformação da sociedade, precisamos ter paciência.

– Resisti quanto pude; perdi amigos queridos, crianças inocentes foram arrancadas de suas mães, estupros e outras atrocidades foram impostas a estes seres humanos. E ainda quer que eu tenha paciência?

– Compreendo sua revolta, minha querida, mas deve enxergar além. Nossos negros somam somente uma pequena parcela da população escravizada neste país. Nossa causa é muito maior. Trabalhamos para a libertação de todos e não de alguns.

– Fácil para você que não conviveu com aqueles dois, ambos pertencem a outra espécie de seres humanos. Carregam algo animal em seus corações; não posso libertá-los, quanto mais perdoá-los.

Abracei-me com força a Rafael, precisava sentir o cheiro de sua pele, o calor de seus braços, as batidas de seu coração junto ao meu. Quanto sofremos! Como pudemos sobreviver ao afastamento? Sentia falta de carinho, amor, respeito, atenção... Somente ele podia me acalmar.

Pediu que eu tivesse cautela, havia consultado outros advogados que estudaram meu caso, permaneceria acompanhando os resultados dos negócios de Jamil.

Conversamos por longas horas. Rafael contou-me sobre seu contato com João, sobre a possibilidade de descobrir o que havia ocorrido no dia da morte de Luiza. Descreveu o encontro de dr. Antenor e João no navio. Tinha um certo pressentimento, aconselhou-me a pensar nas consequências dos maus-tratos a Jamil, parecia que ele tinha alguma culpa; eu sentia um cuidado maior, talvez sua consciência o alertasse. Disse a ele que os meus pais haviam sofrido muito e eu também e que ele não sentira a minha dor. A princípio interrogações, questionamentos e alertas de Joana ainda me deixavam em dúvida, mas o alívio e tranquilidade que pairavam na fazenda não demoviam minhas ideias. Durante a conversa pensamentos sombrios me atormentavam, a imagem de papai no caixão, insetos pousando em seu rosto apoderando-se dos últimos toques de cor que ainda persistiam em seu semblante enrijecido precipitaram a minha partida. Voltaria a Estrela d'Água ainda naquela noite.

Tentou abrir-me os olhos, cuidou para que Joel me acompanhasse de volta à fazenda e reiterou seu desejo de se casar comigo, mas sabia que não era o momento. Sentia que deveríamos esperar; as uniões construídas sobre tristezas e feridas não poderiam dar certo.

Durante a passagem pelo plano espiritual, Marieta e Rafael, entre uma encarnação e outra, haviam se comprometido a trabalhar a favor dos negros em razão dos erros outrora cometidos. Deveriam manter certa distância... isto é o que explicavam os espíritos bons que os acompanhavam naquela encarnação.

Os territórios onde a escravidão mais se difundira eram Rio de Janeiro, Minas Gerais e São Paulo. Na Bahia, os escravos puderam unir-se e controlar as investidas dos senhores das terras.

A preocupação maior do plano espiritual eram as investidas do mal.

Reconstruir a confiança perdida na poeira dos tempos, reviver situações de embate, suplantar o próprio ego foram algumas das propostas oferecidas a Jamil e Marieta.

Na espiritualidade, acreditava-se serem desafios bastante difíceis, mas a própria Marieta lhes garantiu que suportaria conviver com o algoz de outrora. Nas noites frias do inverno, ela praticamente congelava. Seu marido a amava? De que maneira? De sua própria maneira.

Com a singularidade de uma situação angustiosa, Marieta conviveu por longos anos. Teria ele forças para retroceder e libertá-la daquele calvário?

Na espiritualidade, ela havia se comprometido a suportar com fé e esperança as investidas do mal. Encarnada na Terra, a situação se modificou, os três espíritos formaram o mesmo triângulo amoroso de outra encarnação onde houve interferência de Rafael, chegando a fugir com Marieta e filhos do outro. Jamil desesperou-se e ordenou uma perseguição ferrenha, ofereceu recompensas, ouro entre outras coisas.

Nada podia detê-lo; seus filhos eram seu maior tesouro e a indisposição com as regras da sociedade da época era relevante, Jamil não os deixaria em paz.

Após dias de procura, Rafael fora capturado enviando Marieta e as crianças para longe; infelizmente o destino dos quatro espíritos reunidos na mesma família foi triste. A carruagem na qual viajavam perdeu uma das rodas e despencou ribanceira abaixo. Quatro vidas subtraídas repentinamente. Saíam da programação feita pelo plano espiritual, utilizaram-se do livre-arbítrio antecipando a partida para o Plano Maior.

Marieta, desencarnada, havia retornado mais uma vez à vida maior com o coração carregado de culpas e tristezas. A princípio não lembrara de seus filhos. Retornou em estado de choque sendo colocada em ambiente tranquilo para que o sono reparador pudesse auxiliar o seu espírito.

Durante o sono, ela reviveu mais uma vez as passagens de suas vidas. O espírito de Marieta é antigo, repleto de experiências inspiradoras. Seu senso de justiça vem sendo desenvolvido com o passar dos séculos. Quando ela retorna ao plano terrestre vive tentando reparar defeitos arraigados em sua estrutura espiritual. Com o tempo, o espírito percebe e identifica-se com os caminhos seguidos pelos mesmos que a acompanham a tempos incontáveis; nas ruas consegue compreender o que os seres humanos carregam em sua alma. Por diversas vezes, Marieta se aquieta pensando nas formas de atender os amigos de outrora. Quando se vê impossibilitada de ajudar, faz de tudo para acalmar os doentes do corpo e do espírito. Já aprendeu que não necessita demonstrar com palavras e atitudes exteriores o que pode fazer com discrição e amor. Em sua vidas posteriores realizou progressos, mas tem consciência de que muito ainda tem de galgar para chegar a contemplar a paz com seus amigos da espiritualidade.

Recebe orientações e cursos durante seus desprendimentos noturnos, deixa que seu espírito circule ao redor do planeta contemplando a vida em todas as suas formas. Reage e revela experiências aos desnutridos que se encontram na órbita terrestre. Alimenta-os com amor, levando alento e esperança àqueles que recusam reencarnar por medo do desconhecido e pavor do enfrentamento, próprio ao espírito desencarnado.

Quando retorna das encarnações, sabe que muito tem a fazer e não se nega a encarar seus erros, mesmo que isto lhe custe a saúde de seu perispírito. As doenças da alma são como carimbos, marcam as estradas já percorridas.

Ao acordar deste sono profundo, o espírito tem condições de reviver com rapidez tais redescobertas, desde que esteja disposto. O livre-arbítrio continua a ser respeitado, pois Deus coloca na mãos de cada um sua evolução, assim como quando está encarnado não tem ideia de quem tenha sido.

Nas alas infantis as crianças permaneciam calmas, retornaram antes de terem completado 7 anos, idade em que a encarnação é consolidada. Não se lembravam do acidente, pois no momento exato quando a carruagem iniciou sua decida desordenada espíritos socorristas carregaram com amor seus espíritos em estado de sonolência. Não fora planejado tal desencarne, por isso nada sentiram.

Com a antecipação de sua partida, as crianças teriam de voltar para viver a continuidade de suas vidas na Terra.

Marieta não conseguiu trazê-los na condição de filhos de Jamil – recusou-se a engravidar –, postergando ainda mais seu comprometimento.

Após longos anos de espera, Marieta e Rafael poderiam receber nova chance de união, mas não antes de solucionar dívidas contraídas com outros espíritos ligados.

Na fazenda, os escravos foram se dispersando e pouco a pouco os núcleos que eram controlados pelo capataz tornaram-se mais fortes, cada núcleo tendo sua própria liderança. Nas noites de Lua Cheia os escravos da Casa Grande retiravam-se mais cedo a propósito. Levavam informações à liderança negra.

Dona Lucinda continuava presa aos seus delírios e Marieta não demonstrava nenhum sentimento de arrependimento, a situação estava controlada.

Os quilombos mantinham-se protegidos e escondidos pela vegetação densa do local.

Durante a festa de consagração dos líderes do terreiro, fugas aconteciam por confiança na proteção de Oxóssi.

Nas fazendas vizinhas, os comentários sobre o sumiço de Jamil aumentavam. De um jeito ou de outro, os homens, donos de terras vizinhas, iam ouvindo comentários sobre as discussões na fazenda e gritos desesperados de Jamil. Nunca ficou claro o que realmente acontecera com os dois, mãe e filho.

De uma hora para outra os alicerces (dona Lucinda e Jamil) das tramoias e irregularidades passaram de algozes a escravos. Eram escravos de si mesmos, mantinham-se ligados; suas mentes foram corrompidas pela perversidade de seus atos. As más influências de outrora – espíritos vingativos de vidas passadas – perceberam a suscetibilidade na qual ambos se encontravam, apropriando-se de suas mentes febris.

Em outra vida, dona Lucinda vivia em um castelo ainda na idade antiga quando encontrou-se com Jamil, apaixonou-se, deixou todos costumes da época para trás, levando consigo joias e tesouro de seu amo e senhor. Jamil, que se perdera com o jogo, aproveitou a fortuna para construir uma casa recheada de mulheres que lhe serviriam como ganha-pão. Dona Lucinda, por sua vez, o assessorava na administração do bordel. Antes de voltarem ao planeta Terra como mãe e filho, haviam se encontrado diversas vezes e repetido os mesmos erros.

Marieta, que havia sido filha de ambos em uma dessas vidas, revoltou-se com os pais, não aceitando as atividades da casa de prostituição. Fugiu, vendeu-se aos otomanos, pois achava que teria a liberdade distanciando-se de seus pais. Na adega, onde se amontoavam ratos, restos de comida, roupas sujas, entregou-se a um homem velho, líder de uma tribo. Pediu que a levasse com ele. Na manhã seguinte juntou seus pertences e saiu antes mesmo do amanhecer, na sela de um camelo. Marieta pensava em fugir assim que chegasse à primeira vila. Os homens rudes, embrutecidos pela maneira pela qual ganhavam a vida, revezavam-se nos acampamentos vigiando os animais. Sem conhecer muito bem o ritmo de vida dos nômades, ela parecia estar satisfeita com a fuga.

Na primeira noite, com a fogueira acesa, os homens embebedados acordaram-na com rude palavreado. Tornaram-se agressivos. Compelidos pelo desejo da carne, levaram-na quase à morte.

Ao amanhecer, Marieta (outro nome lhe foi dado, porém colocamos aqui seu nome na vida citada para que saibam de quem falamos), que carregava consigo a indignação e a revolta, percebeu-se abandonada no deserto, despida, com fome, sede e intenso frio nas noites. Demorou a desencarnar, sofrendo imensamente até que pode deixar mais este corpo.

Novamente no plano espiritual, percebeu a dificuldade que tinha para perdoar aquelas almas que tanto lhe fizeram mal. Sabia que de nada as experiências vivenciadas no planeta Terra lhe serviriam para domar seu espírito revoltado. Os pais de Marieta naquela encarnação sofreram imensamente com a sua perda, seu desaparecimento repentino deixou-os desolados. Continuaram a viver juntos, mas já não sentiam motivo para continuar com a casa de prostituição.

Partiram da vila, passaram a procurá-la em vão. A filha querida havia lhes deixado e nem a imensa ligação entre eles sustentou-os por muito tempo na Terra. Partiram desolados para o outro lado da vida. Aquela encarnação servira para mostrar-lhes o que o coração pode fazer com o corpo físico.

Capítulo XVIII

Eu recebi uma notícia que me deixou perplexa. Alguns negros de fazendas vizinhas revoltaram-se contra seus capatazes e alguns deles foram mortos.

Em razão dos maus-tratos de Tião, alguns escravos da fazenda Estrela d'Água juntaram-se aos outros. O grupo aproveitou-se dessa instabilidade momentânea para tentar tomar a fazenda. Quando percebi que minha fazenda seria invadida, corri para o sótão, reservei alguns papéis, reuni os escravos da Casa Grande, dirigindo-me para a varanda. Meu capataz, Tião, voltara a me auxiliar na organização dos deveres. Falava-me que os escravos estavam sendo bem alimentados, cumpriam jornadas de trabalho mais curtas.

Eu não sabia que ele me traía novamente. Por isso os escravos de minha fazenda vinham reivindicando melhores condições de sobrevivência. Eles pensavam que eu me transformara em uma pessoa calculista, visando somente aos resultados monetários da plantação de café.

Quando fugiam à noite, ainda sob minhas ordens, encontravam-se em quilombos com outros escravos da vizinhança.

Aquele levante fora planejado por meus escravos, inclusive Joana, que pensava poder me salvar dessa vingança.

Pretendiam tomar a fazenda e administrá-la, adquirindo condições para comprar a liberdade.

Com a falta de experiência e os olhos fechados pela vingança, eu, que decidira desde nova proteger os escravos, acabei por prejudicá-los.

Ao anoitecer, tochas e um enorme burburinho aproximavam-se da Casa Grande. Isso me assustou. Joel, que me acompanhava, selou um cavalo, colocou-me em cima e partiu em disparada. Eu, quase sem consciência, consegui chegar à cidade. Minha presença na fazenda não seria prudente.

Os negros revoltados, atiravam as tochas na casa provocando um grande incêndio. Tudo se perdeu, as senzalas foram atingidas com muita rapidez, muitos escravos que já estavam recolhidos foram mortos carbonizados.

Joel conseguiu esconder-se com alguns escravos da Casa Grande. O cafezal fora destruído por completo.... não restara nada.

Jamil morreu na senzala juntamente com os outros. Dona Lucinda morreu amarrada e amordaçada na cama.

Passado o incêndio, os escravos se recolheram e apossaram-se da fazenda, o que gerou grande desconforto na região.

Os fazendeiros não aceitaram a tomada da Casa Grande.

Grande parte dos cafeicultores de São Paulo uniu-se para retirar os negros da fazenda.

Após um ano, os ânimos haviam se acalmado. Rafael e eu nos casamos no Rio de Janeiro, onde alguns amigos fizeram uma pequena comemoração nos fundos da igreja Outeiro da Glória. Ao pisar na nave senti a presença de meu pai a acompanhar-me, percebi seu encanto e contentamento. Minha mãe ficara no altar a sorrir. Brindamos com todos e partimos para Paraty.

Os meus sonhos enfim se realizavam...

Retirei-me do convívio social, deixei o passado para trás. Apesar dos sonhos constantes com Jamil, não contava a Rafael o que sonhava. Sentia medo, não podia enfrentar minha própria consciência. No fundo sabia que o que fizera não era certo. Joana me falara em muitas ocasiões, antes de nos perdermos, separarmo-nos por motivos banais. Tivemos discussões sobre o tratamento que eu vinha dando a Jamil e dona Lucinda, ela não concordava com os meus métodos. Tentou me alertar sobre as consequências de minhas escolhas. Apesar de nossas desavenças, o tempo foi me mostrando a realidade. Nada justifica a vingança, por mais que houvesse sofrido não tinha o direito de tirar a vida de ninguém.

Vivíamos em Santa Tereza, as ruas estreitas com seus paralelepípedos assentados irregularmente lembravam a trilha que segui até ali. Subi, subi, subi... mas aonde cheguei?

No final da tarde, os dias de outono se mostravam fascinantes. Sentados, fitando a névoa do mar, as ondas batendo nas pedras como como cascatas espumantes, abraçávamo-nos e ali permanecíamos até o amanhecer.

Eu preparava o nosso café da manhã ouvindo os pássaros que eram a grande paixão de Rafael. Tínhamos gaiolas espalhadas por todo o quintal que deixavam as roupas cheias de alpistes; com o passar do tempo, Rafael passou a me ajudar a realizar as tarefas da casa. Lavar as roupas que já se encontravam limpas no varal era uma delas. Eu não me aborrecia, no fundo sentia que devia aproveitar cada minuto da nossa convivência.

Com a xícara de café nas mãos, eu divagava, sonhava e respirava livremente.

O compêndio de minha vida fora vislumbrado por mim em diversas ocasiões: parei de questionar. Deixei que o destino me carregasse para a frente e quem sabe chegaria a algum local mais calmo, minimizando as culpas, me calava. Ouvia Rafael contar-me suas longas histórias, e aprendia com ele. Recordações, lembranças estavam estampadas em seus olhos. Sabia que tudo fez para me ter e isto me enchia de amor e tranquilidade.

Quando o amor se transformava e nossos corpos se uniam, fundindo nossas almas, eu viajava, transportava-me para outro lugar. Sentia a completude e a certeza de que os anjos conspiravam a nosso favor.

Entrelaçávamos nossos corpos sem deixar que outras sensações pousassem entre nós senão o amor.

Senti tudo que havia desejado, pude amar e ser amada. Não tive mais de fugir.

Quando Júlia nasceu, ao carregá-la no colo pela primeira vez, senti o amor incondicional que nos unia. Rafael me abraçou, choramos juntos de emoção. Quanto tempo, quanta tristeza suportamos...

A felicidade enfim nos acolhia. Com os olhos marejados e as mãos entrelaçadas, permanecemos até que nossa filha adormecesse.

Minha morte se deu após três anos, na mesma data de nosso casamento. Foi repentina e inesperada.

Júlia presenciou minha passagem, assustou-se, mas mesmo assim não deixou de viver feliz ao lado de seu pai, marido e filhos...

MADRAS® Editora
CADASTRO/MALA DIRETA

Envie este cadastro preenchido e passará a receber informações dos nossos lançamentos, nas áreas que determinar.

Nome _____
RG _____ CPF _____
Endereço Residencial _____
Bairro _____ Cidade _____ Estado ____
CEP _____ Fone _____
E-mail _____
Sexo ❏ Fem. ❏ Masc.   Nascimento _____
Profissão _____ Escolaridade (Nível/Curso) _____

Você compra livros:
❏ livrarias   ❏ feiras   ❏ telefone   ❏ Sedex livro (reembolso postal mais rápido)
❏ outros: _____

Quais os tipos de literatura que você lê:
❏ Jurídicos   ❏ Pedagogia   ❏ Business   ❏ Romances/espíritas
❏ Esoterismo ❏ Psicologia ❏ Saúde   ❏ Espíritas/doutrinas
❏ Bruxaria   ❏ Autoajuda   ❏ Maçonaria ❏ Outros:

Qual a sua opinião a respeito desta obra? _____
_____

Indique amigos que gostariam de receber MALA DIRETA:
Nome _____
Endereço Residencial _____
Bairro _____ Cidade _____ CEP _____

Nome do livro adquirido: *Vidas Através dos Séculos*

Para receber catálogos, lista de preços e outras informações, escreva para:

MADRAS EDITORA LTDA.
Rua Paulo Gonçalves, 88 – Santana – 02403-020 – São Paulo/SP
Caixa Postal 12183 – CEP 02013-970 – SP
Tel.: (11) 2281-5555 – Fax.:(11) 2959-3090
www.madras.com.br

MADRAS® *Editora*

Para mais informações sobre a Madras Editora,
sua história no mercado editorial
e seu catálogo de títulos publicados:

Entre e cadastre-se no site:

www.madras.com.br

Para mensagens, parcerias, sugestões e dúvidas, mande-nos um e-mail:

marketing@madras.com.br

SAIBA MAIS

Saiba mais sobre nossos lançamentos,
autores e eventos seguindo-nos no facebook e twitter:

@madrased

/madraseditora